愛国高等学校

〈収録内容〉

2024年度 ……………… 推薦（作文＋数・英・国）
一般（数・英・国＋作文）

2023年度 ……………… 推薦（作文＋数・英・国）
一般（数・英・国＋作文）

2022年度 ……………… 推薦（作文＋数・英・国）
一般（数・英・国＋作文）

2021年度 ……………… 推薦（作文＋数・英・国）
一般（数・英・国＋作文

2020年度 ……………… 推薦（作文＋数
一般（数・英

便利なDLコンテンツは右のQRコードから

解答用紙 ⇒

※データのダウンロードは2025年3月末日まで。
※データへのアクセスには、右記のパスワードの入力が必要となります。 ⇒ 685560

〈合格最低点〉

※学校からの合格最低点の発表はありません。

本書の特長

実戦力がつく入試過去問題集

- ▶ 問題 …………… 実際の入試問題を見やすく再編集。
- ▶ 解答用紙 …… 実戦対応仕様で収録。
- ▶ 解答解説 …… 詳しくわかりやすい解説には、難易度の目安がわかる「基本・重要・やや難」の分類マークつき（下記参照）。各科末尾には合格へと導く「ワンポイントアドバイス」を配置。採点に便利な配点つき。

入試に役立つ分類マーク

基本 確実な得点源！
受験生の 90%以上が正解できるような基礎的、かつ平易な問題。
何度もくり返して学習し、ケアレスミスも防げるようにしておこう。

重要 受験生なら何としても正解したい！
入試では典型的な問題で、長年にわたり、多くの学校でよく出題される問題。
各単元の内容理解を深めるのにも役立てよう。

やや難 これが解ければ合格に近づく！
受験生にとっては、かなり手ごたえのある問題。
合格者の正解率が低い場合もあるので、あきらめずにじっくりと取り組んでみよう。

合格への対策、実力錬成のための内容が充実

- ▶ 各科目の出題傾向の分析、合否を分けた問題の確認で、入試対策を強化！
- ▶ その他、学校紹介、過去問の効果的な使い方など、学習意欲を高める要素が満載！

解答用紙ダウンロード 解答用紙はプリントアウトしてご利用いただけます。弊社ＨＰの商品詳細ページよりダウンロードしてください。トビラのＱＲコードからアクセス可。

UD FONT 見やすく読みまちがえにくいユニバーサルデザインフォントを採用しています。

愛国高等学校

国際交流、海外体験、各種資格取得に加え愛国学園大学も開学

URL	https://www.aikokugakuen.ac.jp/senior-high/

普通科　商業科　家政科
衛生看護科
生徒数　440名
〒133-8585
東京都江戸川区西小岩5-7-1
☎03-3658-4111
京成本線京成小岩駅　徒歩3分
総武線小岩駅　徒歩10分
北総線新柴又駅　徒歩13分

プロフィール　社会と家庭の幸福をつくる女性に

1938（昭和13）年に、織田教育財団が設立した愛国女子商業学校を母体として、1947年に中学校、翌年に高等学校を設立。「親切正直」をモットーに、社会人としては、豊かな知識と技術とをもって経済的に独立し、家庭人としては、美しい情操と強い奉仕心とをもって一家の幸福の源泉となる、健全な精神と身体とを備えた女子の育成を目指している。

環境　視聴覚設備が充実　新校舎も完成

視聴覚設備が整っており、テレビやDVD、CDなどを使った授業も多い。創立50周年の記念講堂は、ホールやプール、トレーニング施設などを併設し、幅広く活用されている。2007年、冷暖房完備の新体育館も完成。

カリキュラム　進路目的に対応して実践的能力を磨く

中・高および短大・大学への一貫教育を基盤に教育課程を組んでいる。

生徒本人の適性・個性を重んじ、4つの科に分けて指導を行う。普通科と商業科は、1年次は共通カリキュラムで、一般教養科目の他、簿記・情報の基礎も学べるようになっており、2年次より希望の学科を選択し、それぞれの目的に応じた学習を行う。

普通科では、**一般教養コース**と**進学コース**に分かれ、進学希望者は入試科目、就職希望者はコンピュータなどを選択できる選択科目も設置されている。

商業科では、2年次より**会計コース**と**情報処理コース**に分かれ、より高度な職業教育により、各種検定資格をはじめ実社会で役立つ能力を身につける。

家政科では、整った設備と多彩なカリキュラムのもと、無試験で調理師の資格が取得でき、日本・中華・西洋料理等の講習会も実施される。

衛生看護科は、文部科学省の准看護師学校の指定を受けており、卒業と同時に准看護師試験を受ける資格（合格率100％）が取得可能。

コンピュータの授業も充実

学校生活　国際感覚あふれる女性を育成

制服は、紺のジャケットとグレー・チェックの2種類のスカート、セーター、リボン、ネクタイなどで自由にコーディネイトができる。

アメリカ海外研修旅行を実施し、国際感覚あふれる女性の育成に努めている。部活動も活発で、バドミントン、ダンス、箏曲、吹奏楽、なぎなた、茶道などがある。

進路　愛国学園大学が1998年に開学

生徒の約9割が進学。愛国学園大学（人間文化学部）、愛国学園短大（家政科）、愛国学園衛生看護専攻科、愛国学園保育専門学校へ進む者が多い。

アメリカ海外研修旅行

トピックス　100円から始まる貯蓄学

本校ならではのユニークな伝統が、愛国学園生徒銀行で、入学時に学校から渡される100円預金済みの通帳を種預金として、貯蓄心を育てている。

2024年度入試要項

試験日　11/28（帰国生）
1/22（A推薦）
1/23（B・C推薦）
2/10（一般）

試験科目　作文＋面接（A推薦）
基礎学力〈国・数・英〉＋作文＋面接（B・C推薦・帰国生）
国・数・英＋作文＋面接（一般）

※家政・衛生看護は身体機能検査あり

2024年度	募集定員	受験者数	合格者数	競争率
普通	80/80	53/48	53/46	1.0/1.0
商業	40/40			
家政	40/40	22/19	20/18	1.1/1.1
衛生看護	20/20	40/10	34/7	1.2/1.4

※中・高とも、帰国生の募集は若干名
※B・C推薦は千葉県・埼玉県内中学生のみ
※人数はすべて推薦/一般

過去問の効果的な使い方

① **はじめに**　入学試験対策に的を絞った学習をする場合に効果的に活用したいのが「過去問」です。なぜならば，志望校別の出題傾向や出題構成，出題数などを知ることによって学習計画が立てやすくなるからです。入学試験に合格するという目的を達成するためには，各教科ともに「何を」「いつまでに」やるかを決めて計画的に学習することが必要です。目標を定めて効率よく学習を進めるために過去問を大いに活用してください。また，塾に通われていたり，家庭教師のもとで学習されていたりする場合は，それぞれのカリキュラムによって，どの段階で，どのように過去問を活用するのかが異なるので，その先生方の指示にしたがって「過去問」を活用してください。

② **目的**　過去問学習の目的は，言うまでもなく，志望校に合格することです。どのような分野の問題が出題されているか，どのレベルか，出題の数は多めか，といった概要をまず把握し，それを基に学習計画を立ててください。また，近年の出題傾向を把握することによって，入学試験に対する自分なりの感触をつかむこともできます。

過去問に取り組むことで，実際の試験をイメージすることもできます。制限時間内にどの程度までできるか，今の段階でどのくらいの得点を得られるかということも確かめられます。それによって必要な学習量も見えてきますし，過去問に取り組む体験は試験当日の緊張を和らげることにも役立つでしょう。

③ **開始時期**　過去問への取り組みは，全分野の学習に目安のつく時期，つまり，9月以降に始めるのが一般的です。しかし，全体的な傾向をつかみたい場合や，学習進度が早くて，夏前におおよその学習を終えている場合には，7月，8月頃から始めてもかまいません。もちろん，受験間際に模擬テストのつもりでやってみるのもよいでしょう。ただ，どの時期に行うにせよ，取り組むときには，集中的に徹底して取り組むようにしましょう。

④ **活用法**　各年度の入試問題を全問マスターしようと思う必要はありません。できる限り多くの問題にあたって自信をつけることは必要ですが，重要なのは，志望校に合格するためには，どの問題が解けなければいけないのかを知ることです。問題を制限時間内にやってみる。解答で答え合わせをしてみる。間違えたりできなかったりしたところについては，解説をじっくり読んでみる。そうすることによって，本校の入試問題に取り組むことが今の自分にとって適当かどうかが，はっきりします。出題傾向を研究し，合否のポイントとなる重要な部分を見極めて，入学試験に必要な力を効率よく身につけてください。

数学

各都道府県の公立高校の入学試験問題は，中学数学のすべての分野から幅広く出題されます。内容的にも，基本的・典型的なものから思考力・応用力を必要とするものまでバランスよく構成されています。私立・国立高校では，中学数学のすべての分野から出題されることには変わりはありませんが，出題形式，難易度などに差があり，また，年度によっての出題分野の偏りもあります。公立高校を含め，ほとんどの学校で，前半は広い範囲からの基本的な小問群，後半はあるテーマに沿っての数問の小問を集めた大問という形での出題となっています。

まずは，単年度の問題を制限時間内にやってみてください。その後で，解答の答え合わせ，解説での研究に時間をかけて取り組んでください。前半の小問群，後半の大問の一部を合わせて50%以上の正解が得られそうなら多年度のものにも順次挑戦してみるとよいでしょう。

英語

英語の志望校対策としては，まず志望校の出題形式をしっかり把握しておくことが重要です。英語の問題は，大きく分けて，リスニング，発音・アクセント，文法，読解，英作文の5種類に分けられます。リスニング問題の有無(出題されるならば，どのような形式で出題されるか)，発音・アクセント問題の形式，文法問題の形式(語句補充，語句整序，正誤問題など)，英作文の有無(出題されるならば，和文英訳か，条件作文か，自由作文か）など，細かく具体的につかみましょう。読解問題では，物語文，エッセイ，論理的な文章，会話文などのジャンルのほかに，文章の長さも知っておきましょう。また，読解問題でも，文法を問う問題が多いか，内容を問う問題が多く出題されるか，といった傾向をおさえておくことも重要です。志望校で出題される問題の形式に慣れておけば，本番ですんなり問題に対応することができますし，読解問題で出題される文章の内容や量をつかんでおけば，読解問題対策の勉強として，どのような読解問題を多くこなせばよいかの指針になります。

最後に，英語の入試問題では，なんと言っても読解問題でどれだけ得点できるかが最大のポイントとなります。初めて見る長い文章をすらすらと読み解くのはたいへんなことですが，そのような力を身につけるには，リスニングも含めて，総合的に英語に慣れていくことが必要です。「急がば回れ」ということわざの通り，志望校対策を進める一方で，英語という言語の基本的な学習を地道に続けることも忘れないでください。

国語

国語は，出題文の種類，解答形式をまず確認しましょう。論理的な文章と文学的な文章のどちらが中心となっているか，あるいは，どちらも同じ比重で出題されているか，韻文(和歌・短歌・俳句・詩・漢詩)は出題されているか，独立問題として古文の出題はあるか，といった，文章の種類を確認し，学習の方向性を決めましょう。また，解答形式は，記号選択のみか，記述解答はどの程度あるか，記述は書き抜き程度か，要約や説明はあるか，といった点を確認し，記述力重視の傾向にある場合は，文章力に磨きをかけることを意識するとよいでしょう。さらに，知識問題はどの程度出題されているか，語句(ことわざ・慣用句など)，文法，文学史など，特に出題頻度の高い分野はないか，といったことを確認しましょう。出題頻度の高い分野については，集中的に学習することが必要です。読解問題の出題傾向については，脱語補充問題が多い，書き抜きで解答する言い換えの問題が多い，自分の言葉で説明する問題が多い，選択肢がよく練られている，といった傾向を把握したうえで，これらを意識して取り組むと解答力を高めることができます。「漢字」「語句・文法」「文学史」「現代文の読解問題」「古文」「韻文」と，出題ジャンルを分類して取り組むとよいでしょう。毎年出題されているジャンルがあるとわかった場合は，必ず正解できる力をつけられるよう意識して取り組み，得点力を高めましょう。

数学

出題傾向の分析と 合格への対策

●出題傾向と内容

本年度の出題数は，大問が5題，小問数にして30問で，例年通りであった。

出題内容は，【1】が数・式の計算，平方根，因数分解，方程式の計算などの小問群，【2】が一次方程式，反比例，平面図形の計量，角度などの小問群，【3】は確率，データの整理の問題，【4】は円錐の展開図の計量問題，【5】は図形と関数・グラフの融合問題であった。

全体的に基本問題が多いが，中学数学の全分野からまんべんなく出題されており，基礎力だけでなく，応用力や思考力が試されている。

学習のポイント

中学数学全体の基礎力を充実させ，教科書レベルの問題はスラスラ解けるようにしておこう。特に計算ミスには要注意！

●2025年度の予想と対策

来年度も問題の質・量に大きな変化はないだろう。

前半の小問群は，中学数学の全領域からまんべんなく出題されているので，中3の内容はもちろん，1・2年で学習した内容の徹底した復習が求められる。後半の大問は，小問を順に解いていけば解答の手がかりが必ず書かれているので，それにしたがって考えていけばよい。

教科書の説明をくり返し読み，例題を何回も解いて，数・式の計算，方程式の解法，関数とグラフ，確率などの解き方を確実に身につけること。面積・体積の求め方は，基本図形はもとより，グラフ上の図形でもやっておこう。

▼年度別出題内容分類表 ……

出題内容			2020年	2021年	2022年	2023年	2024年
数と式		数の性質					○
		数・式の計算	○	○	○	○	○
		因数分解	○	○	○	○	○
		平方根	○	○	○	○	○
方程式・不等式		一次方程式	○	○	○	○	○
		二次方程式	○	○	○	○	○
		不等式					
		方程式・不等式の応用	○				
関数		一次関数	○	○		○	
		二乗に比例する関数	○	○	○	○	○
		比例関数				○	○
		関数とグラフ	○		○	○	○
		グラフの作成		○			
図形	平面図形	角度	○	○	○	○	○
		合同・相似	○	○	○	○	○
		三平方の定理				○	
		円の性質					○
	空間図形	合同・相似					
		三平方の定理	○		○		○
		切断				○	
	計量	長さ	○	○	○	○	○
		面積	○	○	○	○	○
		体積	○	○		○	○
		証明					
		作図					
		動点		○			
統計		場合の数	○	○			
		確率	○	○	○	○	○
		統計・標本調査	○	○	○	○	○
融合問題		図形と関数・グラフ	○		○	○	○
		図形と確率					
		関数・グラフと確率					
		その他					
その他							

愛国高等学校

英語

出題傾向の分析と合格への対策

●出題傾向と内容

本年度は長文読解問題，動詞活用の問題，語句補充選択問題4題，書き換え問題，語彙の問題，単語の発音問題の計9題の出題であった。本年度も出題パターンに大きな変化はなかった。例年通り問題数が50問と比較的多めである。

長文問題は短めの物語文で，文法や単語に難解なものは見られない。設問は，内容吟味よりも，語彙や文法力を問うものが中心である。

文法問題も標準的な問題が中心だが，中学必修の重要構文や前置詞，熟語，単語などがさまざまな形で数多く出題されており，ケアレスミスには十分注意が必要である。

学習のポイント

傾向がほぼ一定しているので，総復習のあとには過去の問題を解いて，本校の傾向をつかんでおこう。

●2025年度の予想と対策

来年度も例年とほぼ同じ出題になるであろうと予想される。出題内容のレベルにもほとんど変化はないであろう。

長文問題に関しては，短く，基礎的なものを数多く読みこなして様々な問題形式にあたり，英文を読むことに慣れておきたい。その場合，単語・熟語などは丁寧にチェックしておくこと。文法問題については，教科書の文法項目を確認した上で，基礎的な問題集を何度も繰り返して練習するとよいだろう。特に動詞の活用形については確実に覚えておく必要がある。活用形や熟語については，自分でノートにまとめてみるのもよいだろう。

▼年度別出題内容分類表 ……

	出題内容	2020年	2021年	2022年	2023年	2024年
話し方・聞き方	単語の発音	○	○	○	○	○
	アクセント					
	くぎり・強勢・抑揚					
	聞き取り・書き取り					
語い	単語・熟語・慣用句	○	○	○	○	○
	同意語・反意語					
	同音異義語			○		
読解	英文和訳(記述・選択)					
	内容吟味	○	○	○	○	○
	要旨把握					
	語句解釈		○		○	
	語句補充・選択	○	○	○	○	○
	段落・文整序					
	指示語		○	○		
	会話文					
文法・作文	和文英訳					
	語句補充・選択	○	○	○		○
	語句整序			○	○	
	正誤問題					
	言い換え・書き換え	○	○	○	○	○
	英問英答					
	自由・条件英作文					
文法事項	間接疑問文				○	○
	進行形					
	助動詞	○	○		○	
	付加疑問文		○		○	○
	感嘆文			○	○	
	不定詞	○	○	○	○	○
	分詞・動名詞		○	○	○	○
	比較	○	○	○	○	○
	受動態	○	○	○	○	
	現在完了	○	○	○	○	○
	前置詞	○	○	○	○	○
	接続詞	○	○		○	○
	関係代名詞	○		○	○	

愛国高等学校

国語

出題傾向の分析と合格への対策

●出題傾向と内容

漢字の読み書きのほか，同訓・同音異義語，四字熟語，熟語作成といった，漢字および語句に関する知識問題が大問5題で出題された。

【一】【二】は漢字の読み書きの問題。読み書きともに難しいものも含まれているので，十分な対策が必要だ。

【三】は同訓・同音異義語の問題。

【四】は四字熟語の問題，【五】は熟語を完成させる問題。

作文は「高校生になったらチャレンジしてみたいこと」という課題で，例年同様，字数は300字以内，時間は30分以内で完成させるという出題であった。

学習のポイント

漢字学習は，分量をこなして力を定着させよう。作文は，書いたものを添削してもらい，なめらかな文章を書く力を養おう！

●2025年度の予想と対策

漢字の読み書きを中心とした，語句や漢字の知識問題の出題が予想される。

中学3年までに学習した漢字の正確な読み書きの練習が必須であるが，熟字訓，同音異義語や同訓異字の問題，熟語の問題に対応することも意識して学習を進めよう。類義語・対義語も問題集などを使って学習しておくこと。

作文は毎年出題されているので，ふだんから書き慣れておくとよいだろう。自分の経験に基づいて書くことが求められているので，日記や感想文などを書く習慣をつけ，添削指導を受けよう。原稿用紙の使い方も確認しておくこと。

▼年度別出題内容分類表 ……

出題内容			2020年	2021年	2022年	2023年	2024年
内容の分類	読解	主題・表題					
		大意・要旨					
		情景・心情					
		内容吟味					
		文脈把握					
		段落・文章構成					
		指示語の問題					
		接続語の問題					
		脱文・脱語補充					
	漢字・語句	漢字の読み書き	○	○	○	○	○
		筆順・画数・部首					
		語句の意味					
		同義語・対義語	○	○			
		熟語	○	○	○	○	○
		ことわざ・慣用句					
	表現	短文作成					
		作文(自由・課題)	○	○	○	○	○
		その他					
	文法	文と文節					
		品詞・用法					
		仮名遣い					
		敬語・その他					
	古文の口語訳						
	表現技法						
	文学史						
問題文の種類	散文	論説文・説明文					
		記録文・報告文					
		小説・物語・伝記					
		随筆・紀行・日記					
	韻文	詩					
		和歌(短歌)					
		俳句・川柳					
	古文						
	漢文・漢詩						

愛国高等学校

2024年度　合否の鍵はこの問題だ!!

数　学　【3】(2)，【4】(3)，【5】(2)・(3)

【3】(2)　統計用語の定義や公式をしっかりと理解しておきたい。

【4】(3)　解説では，(2)を利用して解いたが，円錐の側面積は，$\pi \times$(母線の長さ)$\times$(底面の半径)で求められることも覚えておきたい。

【5】(2)・(3)　座標に文字を含む場合の扱いも慣れておこう。

◎　取り組みやすい内容なので，時間配分も考えながら，できるところからミスのないように解いていこう。

英　語　Ⅲ

Ⅲの語句補充問題は選択問題だが，しっかりと文法が理解できていないと解けない問題ばかりである。日本語訳がついていないので，正確に日本語に訳すことから始めるとよい。

(1)は分詞の問題である。分詞は持つ意味合いによって2種類に分けられる。

＜A＞　現在分詞　→　＜動詞の原形＋ing＞　「～している」という能動の意味

＜B＞　過去分詞　→　動詞の過去分詞形　　「～される」という受け身の意味

まず，日本語に訳す。(　　)内は選択肢から live を変化させた単語が入りそうだと推測されるので仮に「住む」と訳しておく。

Keiko has an aunt　|　(　　)|　in Osaka.

ケイコにはおばがいる　　(住む)　　大阪に

日本語訳の主語・述部は「ケイコにはおばがいる」＝ Keiko has an aunt である。

次に主語・述部以外の部分である。仮の訳を使った「大阪に住む(おば)」よりも「大阪に住んでいる(おば)」の方が日本語として自然であることに気づくだろう。「住んでいる」と能動の意味になっているので，ここで使われるのは現在分詞 living である。よって次のようになる。

an aunt living in Osaka

日本語訳の出ていない英文法の問題でも，日本語に訳してからとりかかると，解くヒントを得られることが多いものである。

国　語 【三】

★なぜこの問題が合否を分けたのか

漢字力と語彙力が求められる設問である。日ごろの学習効果が如実に表れる問題でもあるので，慎重に解答しよう。

★こう答えると「合格できない」!

1は「帰省」「規制」「既成」「寄生」「気勢」「奇声」，2は「占める」「締める」「湿る」「閉める」「絞める」，3は「機械」「機会」「器械」「奇怪」など，同音異義語が多く存在する。4と5は，前後の文脈に注意しないと解答できない。日ごろの漢字学習は，漢字を機械的に覚えるだけでなく，漢字への理解を深めることを心がけることが必要である。言葉の使い方を考えて解答しよう！

★これで「合格」!

1は「交通」と「年末」，2は「上位」と「帯」，3は「絶好」と「出来事」，4は「私の」と「促す」，5は「家」と「秘密」に着目して，「交通規制」「年末年始の帰省」「上位を占める」「帯を締める」「絶好の機会」「奇怪な出来事」「私の本意」「翻意を促す」「郊外の家」「秘密を口外」といった言い方があることを理解して解答しよう！

2024年度

★★★★★★★★★★★★★★★★★★★★★★★★

入　試　問　題

2024年度

愛国高等学校入試問題

【作　文】（五〇分）

【課題】私の「夢」とそれをかなえるために「努力」していること

①原稿用紙のわくの中には課題・氏名を記入しないこと。

②本文（課題・氏名を除く）は句読点を含めて四百字以内にまとめること。

③漢字はかい書で正しく書くこと。

④必ずこの提出用の用紙に清書して提出すること。

《提出用》

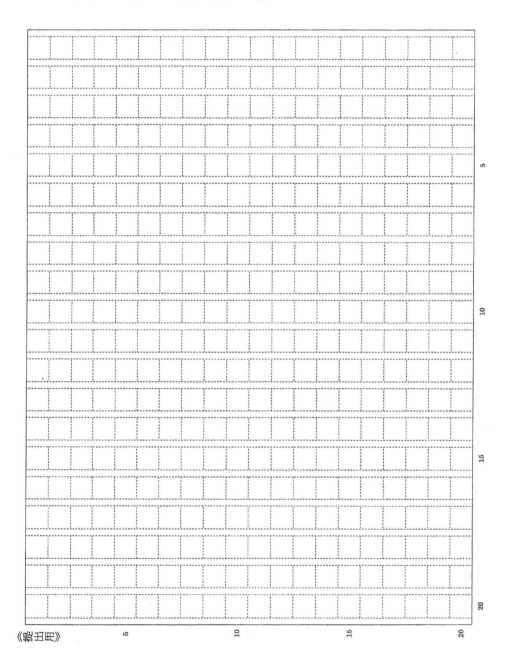

【作　文】（五〇分）

【課題】 思い出に残っている学校行事

①原稿用紙のわくの中には課題・氏名を記入しないこと。
②本文（課題・氏名を除く）は句読点を含めて四百字以内にまとめること。
③漢字はかい書で正しく書くこと。
④必ずこの提出用の用紙に清書して提出すること。

《提出用》

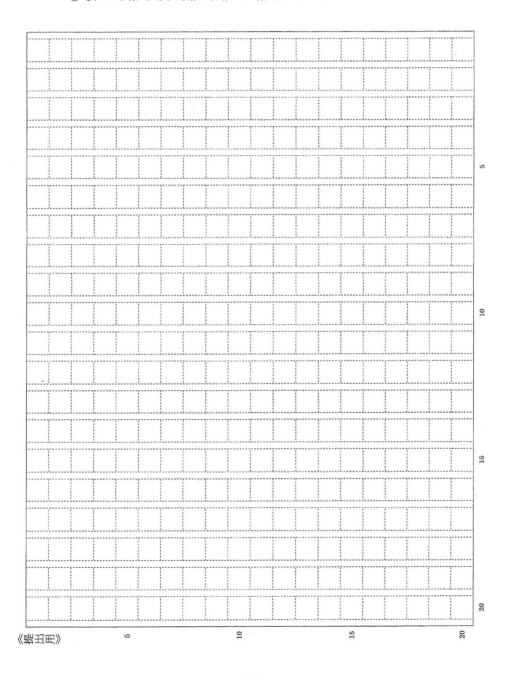

【数　学】（数学・英語・国語合わせて60分）

1. $-6^2 \div (-3) \times 5$　を計算しなさい。

2. $\frac{15}{16} \div \left(-\frac{9}{2}\right) \div \frac{5}{4}$　を計算しなさい。

3. $\sqrt{98} - 2\sqrt{50} + 3\sqrt{32}$　を計算しなさい。

4. $\left(x + \frac{3}{2}\right)^2$　を展開しなさい。

5. $x^2 - 5x - 14$　を因数分解しなさい。

6. 2次方程式　$3x^2 + 4x - 2 = 0$　を解きなさい。

7. 次のデータについて，四分位範囲を求めなさい。

7	11	3	17	2	5	9	7	3	15

8. 1つの内角が135°の正多角形は正何角形ですか。

9. 相似な2つの立体A，Bがあり，その相似比は3：5です。Aの体積が54cm^3のとき，Bの体積を求めなさい。

10. 次の立体は，1辺が4cmの立方体です。Mが辺BCの中点であるとき，線分HMの長さを求めなさい。

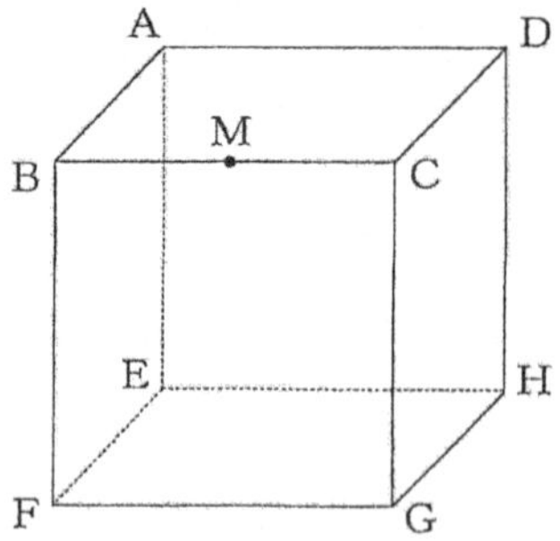

【英　語】（数学・英語・国語合わせて60分）

次の(1)～(5)のそれぞれの対話の（　）内に入る適当なものを，以下のア～ウから１つずつ選び，記号で答えなさい。

(1) A : May I take your order?
B :(　　　).
ア. I'd like pizza　　イ. It's delicious　　ウ. I don't like salad

(2) A : How does your father usually go to his office?
B :(　　　).
ア. He walks to school　　イ. He uses his car　　ウ. He is late for work

(3) A : Are you still doing your homework?
B :(　　　).
ア. Yes, I've never seen it　　イ. Yes, I've finished it
ウ. No, I've already done it

(4) A : Can I use your cellphone?
B :(　　　).
ア. Right now　　イ. Hold on, please　　ウ. Certainly

(5) A : How far is it from your home to the library?
B :(　　　).
ア. It's about five times　　イ. It's about two hundred meters
ウ. It's four o'clock

次の(6)～(10)の文の（　）内から適切な語を選び，記号で答えなさい。

(6) English is the subject (ア. it　イ. which　ウ. whom) I like the best.

(7) Are you waiting (ア. for　イ. of　ウ. to) your mother?

(8) I have (ア. any　イ. much　ウ. many) homework today.

(9) Tom has two brothers. One lives in Canada, and (ア. another　イ. other　ウ. the other) lives in London.

(10) I wish I (ア. could play　イ. have played　ウ. was played) the guitar.

次の(11)～(15)の各組の英文がほぼ同じ意味になるよう（　）内に適語を入れなさい。

(11) Ken became sick last Sunday, and he is still sick now.
Ken has (　　　) sick since last Sunday.

(12) When did she make these cakes?
When (　　　) these cakes made?

(13) I could not get to the museum.
I didn't know (　　　) to get to the museum.

(14) He is the tallest boy in his class.
He is (　　　) than any other boy in his class.

⒂ We played a baseball game yesterday. We enjoyed it very much.
Yesterday we enjoyed (　　　) a baseball game very much.

【国　語】（数学・英語・国語合わせて六〇分）

一、次の漢字の読みをひらがなで書きなさい。

① 隔たり　② 娯楽　③ 分泌　④ 撮影　⑤ 緩やか
⑥ 満喫　⑦ 純粋　⑧ 摂取　⑨ 悟る　⑩ 促す
⑪ 抑える　⑫ 古墳　⑬ 伴走　⑭ 奉仕　⑮ 悔しい
⑯ 励行　⑰ 伐採　⑱ 隆起　⑲ 慌てる　⑳ 縫う

二、次の文中の——のカタカナを漢字に直して書きなさい。

① 車はテイコクに出発した。　② エンゲキ部にはいる。
③ スナバで遊ぶ。　④ 空気を胸一杯にスう。
⑤ キビしい判断をする。　⑥ コンナンに立ち向かう。
⑦ チュウシャをうつ。　⑧ 手をアラう。
⑨ 小さな店をイトナむ。　⑩ 支払いをスませる。

三、次の①～③の（　）に共通する漢字を入れて熟語を作りなさい。漢字は、あとの語群の中から選び、記号で答えなさい。

①（　　）正・改（　　）・（　　）飾
② 自（　　）・（　　）事・雑（　　）
③（　　）線・屈（　　）・潜（　　）

【語群】
ア、伏　イ、装　ウ、修　エ、院　オ、炊　カ、折

四、次のAとBの——のカタカナにあてはまる漢字をそれぞれあとの語群の中から選び、記号で答えなさい。

A ① 応エンが盛んだ。
　② 祝エンに招かれた。

【語群A】
ア、宴　イ、園　ウ、縁　エ、炎　オ、援

B ① 負けて落タンする。
　② タン精込めてしあげる。

【語群B】
ア、丹　イ、担　ウ、誕　エ、胆　オ、単

五、次の①～③はそれぞれ類義語です。（　）に入る適切な語をあとの語群の中から選び、漢字に直して書きなさい。

① 回顧——（　　）憶　② 了解——（　　）知
③ 互角——対（　　）

【語群】
き・つい・とう・せん・しょう・しゅう

MEMO

大切なことはメモしておこうネ！

2024年度

愛国高等学校入試問題(一般)

【数　学】（50分）　＜満点：100点＞

【1】 次の各問に答えなさい。

(1)　$35-7\times15$ を計算しなさい。

(2)　$\left(\frac{3}{4}-\frac{2}{5}\right)\times40$ を計算しなさい。

(3)　$(-2^3\times3)^2$ を計算しなさい。

(4)　$1.6\div0.4-9\times\frac{2}{3}$ を計算しなさい。

(5)　$4a^2\div6ab\times3b$ を計算しなさい。

(6)　$\sqrt{12}+\sqrt{48}-5\sqrt{3}$ を計算しなさい。

(7)　$(a-3)(a+b+2)$ を展開しなさい。

(8)　$(x+4)(x-4)+6x$ を因数分解しなさい。

(9)　2次方程式 $x^2+3=5x$ を解きなさい。

(10)　連立方程式 $\begin{cases}5x+2y=8\\-3x-y=-5\end{cases}$ を解きなさい。

【2】 次の各問に答えなさい。

(1)　x についての一次方程式 $5x+12=ax-3$ の解が3のとき，a の値を求めなさい。

(2)　y は x に反比例し，$x=4$ のとき，$y=12$ です。y を x の式で表しなさい。

(3)　3点 (3，0)，(−2，0)，(1，4) を結んでできる三角形の面積を求めなさい。

(4)　右の図で，色をつけた部分の面積を求めなさい。
ただし，円周率は π とします。

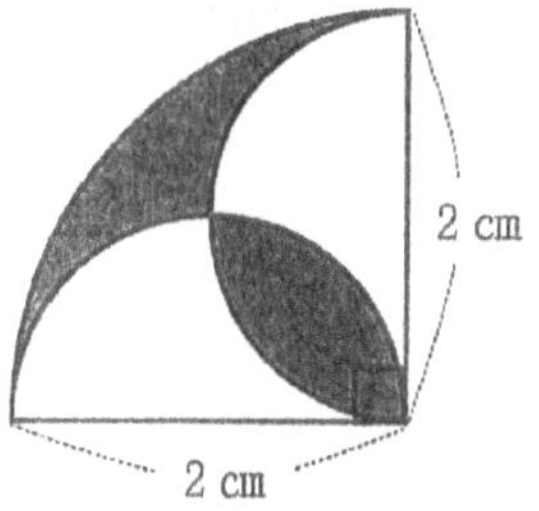

(5)　右の図で，ℓ // m のとき，$\angle x$ の大きさを求めなさい。

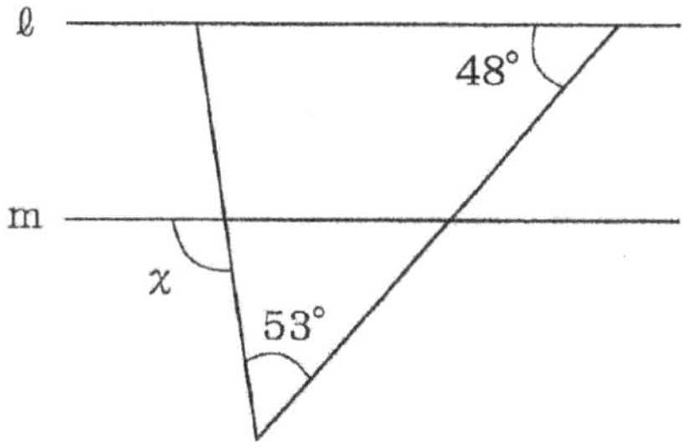

⑹ 右の図で，∠ACB＝∠BDCのとき，xの値を求めなさい。

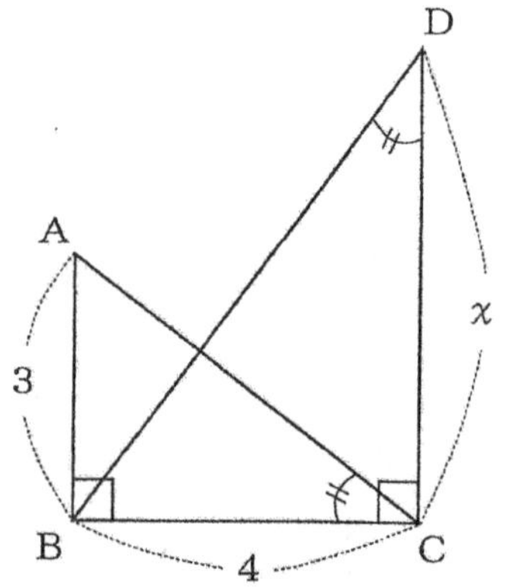

【3】次の各問に答えなさい。

⑴ 100円，50円，10円の硬貨が1枚ずつあります。この3枚の硬貨を同時に投げるとき，次の各問に答えなさい。

① 2枚が表となる確率を求めなさい。

② 少なくとも1枚が裏となる確率を求めなさい。

③ 表の出る硬貨の金額の合計が60円以上になる確率を求めなさい。

⑵ 下のデータは，生徒12人が行った小テストの結果です。次の各問に答えなさい。

3	10	5	7	8	4
2	7	3	7	10	6

（単位：点）

① 範囲を求めなさい。

② 平均値を求めなさい。

③ 中央値を求めなさい。

【4】下の図は，ある円錐の展開図です。次の各問に答えなさい。ただし，円周率はπとします。

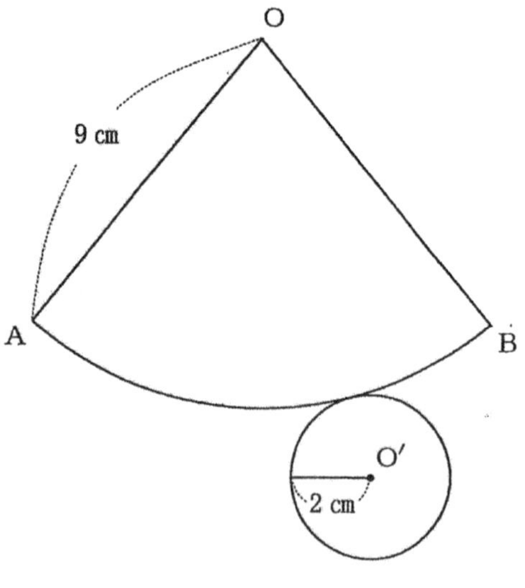

⑴　$\overset{\frown}{AB}$の長さを求めなさい。

⑵　側面のおうぎ形の中心角を求めなさい。

⑶　この円錐の表面積を求めなさい。

⑷　この円錐の体積を求めなさい。

【５】下の図のように，２点ＡとＢは関数 $y = x^2$ のグラフ上の点で，点Ｃは関数 $y = \frac{1}{9}x^2$ のグラフ上の点です。また，線分ACは x 軸に平行で，線分BCは y 軸に平行であるとき，次の各問に答えなさい。ただし，２点ＡとＢの x 座標は正の値とします。

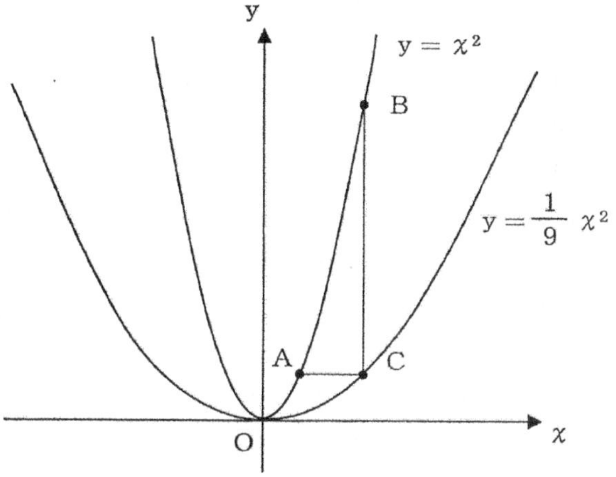

⑴　点Ａの座標が（１，１）のとき，

　①　点Ｂの座標を求めなさい。

　②　△ACBの面積を求めなさい。

⑵　点Ａの x 座標が a のとき，点Ｂの座標を a を用いて表しなさい。

⑶　AC：BC＝１：16 のとき，点Ａの座標を求めなさい。

【英　語】（50分）　＜満点：100点＞

Ⅰ　次の英文を読み，下の設問に答えなさい。

Tomoko is a high school student. One Saturday evening, she said to her mother, “Today our teacher told us to write about volunteer activities. You help old people as a volunteer, ①(　　　　) you? Can you help me with my homework?”

“Sure, Tomoko,” her mother said. “Tomorrow I'm going to visit Mr. Kato. He is eighty-five years old and lives alone in his house. I take him to lunch every Sunday. I clean his house, too. How about ②(visit) him with me? You will learn many things.”

The next day, Tomoko and her mother visited Mr. Kato. When they met him, her mother said to him, “Mr. Kato, this is my ③(　　　　), Tomoko.” Then Mr. Kato said to Tomoko, “Well, I want to show you my garden. Let's go.” So they went there. “Oh, these flowers are very beautiful!” she shouted. He said, “Let's give them some water together.” She helped him in the garden and they enjoyed ④(talk) during the morning. He told her about the history of their town.

After a few hours, Tomoko and her mother ⑤(leave) Mr. Kato's house. On their way home Tomoko said to her mother, “Mr. Kato grows many flowers. They are really beautiful!” Her mother listened to her. “He knew the history of our town very well. I learned many things from him.” She talked and talked. Her mother said, “I have a book ⑥(write) by him about the history of our town. You should read it, Tomoko. You will enjoy it.” “Yes, I will. Thank you, Mother. Now I can finish my homework about volunteer activities. I'd like to visit Mr. Kato again. Next time I'm going to make him lunch.” “That's a good idea, Tomoko.” They smiled at ⑦(　　　)(　　　).

〔注〕 volunteer activity　ボランティア活動　　alone　ひとりで　　on their way home　帰宅途中で

【設問】

(1)　下線部①が「～ですよね」と相手に確認する表現になるよう，(　) 内に適語を答えなさい。

(2)　下線部②，④，⑤，⑥の（　）内の語を正しい形にしなさい。

(3)　本文の内容から判断し，下線部③の（　）内に入る適語を答えなさい。

(4)　下線部⑦が「お互い」という意味になるように，2つの（　）内に入る適語をそれぞれ答えなさい。

(5)　以下の問いに対する正しい答えを次のア～エから選び記号で答えなさい。

What will Tomoko do for Mr. Kato when she goes to his house again?

ア　She will take him to lunch.　　イ　She will help him with his homework.

ウ　She will clean his house.　　エ　She will make him lunch.

(6)　友子さんが加藤さんの家でしたことを次のア～オから２つ選び記号で答えなさい。

ア　Tomoko talked with Mr. Kato.

イ　Tomoko made lunch for Mr. Kato。

ウ　Tomoko read the book about the history of their town.
エ　Tomoko gave some water to the flowers with Mr. Kato.
オ　Tomoko cleaned Mr. Kato's house with her mother.

Ⅱ　次の不規則動詞変化表を完成させなさい。

原形	過去形	過去分詞形
(1)	chose	chosen
show	(2)	shown
swim	swam	(3)
win	(4)	won
(5)	lost	lost

Ⅲ　次の各文の（　）内より適切なものを選び記号で答えなさい。
(1) Keiko has an aunt（ア living　イ lived　ウ lives）in Osaka.
(2) I haven't read today's newspaper（ア just　イ yet　ウ already）.
(3) You must finish your homework（ア at　イ by　ウ until）next Monday.
(4) I bought a（ア little　イ some　ウ few）sugar at the store.
(5) Masami（ア visits　イ visited　ウ has visited）Tokyo last year.

Ⅳ　次の各組の英文がほぼ同じ内容になるように，（　）内に適語を 1 語答えなさい。
(1) He didn't say anything and went out.
He went out（　　）saying anything.
(2) You don't have to go there.
It is not（　　）for you to go there.
(3) I've never seen such a big dog before.
This is the biggest dog I've（　　）seen.
(4) Don't make so much noise, or you'll be scolded.
（　　）you make so much noise, you'll be scolded.
(5) Taro plays soccer better than any other boy in his class.
Taro plays soccer the（　　）of an the boys in his class.

Ⅴ　次の各組の上の文の［　］に指定された文になるように，下の文の（　）内に適語を 1 語答えなさい.
(1) I don't have a car, so I can't go there soon.［仮定法の文に］
If I（　　）a car, I could go there soon.

(2) The man is very tall and he can touch the ceiling. ［ほぼ同じ内容の文に］
The man is tall (　　　) to touch the ceiling.

(3) Where does he live? ［間接疑問文に］
I want to know where he (　　　).

(4) Mami likes fish than meat. ［下線部をたずねる疑問文に］
(　　　) does Mami like better, fish or meat?

(5) A：How long has she lived in this town? ［AとBの対話が成り立つように］
B：She has lived here (　　　) five years.

Ⅵ 次のC－Dの関係が，A－Bと同じ関係になるように，(　) 内に適語を1語答えなさい。

	A	B	C	D
(1)	August	month	summer	(　　　)
(2)	good	better	little	(　　　)
(3)	America	American	Japan	(　　　)
(4)	woman	women	tooth	(　　　)
(5)	rich	poor	difficult	(　　　)

Ⅶ 次の各文の和訳を参考に，(　) 内に適する語を下のア～オから選び記号で答えなさい。

(1) 母が病気だったので，私が朝食を作らなければならなかった。
I had to make breakfast (　　　) my mother was sick.

(2) 教科書を開く前に黒板を見なさい。
Look at the blackboard (　　　) you open your textbooks.

(3) あの角を右に曲がりなさい。そうすれば郵便局が見えますよ。
Turn to the right at that corner, (　　　) you'll see the post office.

(4) 明日は雨が降るのではないかしら。
I am afraid (　　　) it will rain tomorrow.

(5) 彼は宿題を済ませてからテレビを見た。
He watched TV (　　　) he did his homework.

ア after	イ because	ウ that	エ before	オ and

Ⅷ 次の対話が成り立つように，(　) 内に適する語をア～ウから選び記号で答えなさい。

(1) A：(ア Let　イ Excuse　ウ Look) me. May I ask you a question?
B：Sure. What is it?

(2) A：Please help me with my homework.
B：(ア All right　イ That's right　ウ You're welcome).
A：Thank you.

(3) A：Would you like some coffee?
B：(ア Here you are　イ That' too bad　ウ No, thank you).

(4) A : Mary, this is my brother, Taro.
B :(ア Nice to meet you イ Of course ウ Me, too), Taro.

(5) A : Didn't you see Fred yesterday?
B : Yes, (ア I did イ I didn't ウ you did).

Ⅸ 次の各組の下線部の発音が同じであれば○，そうでなければ×で答えなさい。

(1) among / only
(2) foot / school
(3) seen / people
(4) thank / another
(5) still / little

【四】次の（　）に合う適切な漢字を左の語群から選び、四字熟語を完成しなさい。答えは記号で書きなさい。

1　神出鬼（　）　2　衆人（　）視

3　（　）軍奮闘　4　用意周（　）

5　起（　）転結

（語群）ア　床　イ　個　ウ　承　エ　没　オ　到
カ　監　キ　倒　ク　入　ケ　環　コ　孤

【五】それぞれの（　）に共通する左の語群のひらがなを漢字になおし、熟語を三つ完成させなさい。

1　（　）会・祝（　）・（　）席

2　（　）飯・（　）事・自（　）

3　（　）客・回（　）・（　）問

4　（　）感・（　）腕・鋭（　）

5　（　）中・（　）上・前（　）

（語群）じ・すい・えん・しゃく・はつ
と・さん・びん・りょく・こ

【国　語】（四〇分）〈満点：一〇〇点〉

【一】次の語の漢字の読みをひらがなで書きなさい。

1 如実　2 施錠　3 雪崩　4 端数
5 類似　6 行方　7 楼門　8 搾取
9 一翼　10 嘱望　11 甲板　12 知己
13 鯨　14 礎　15 匿名　16 免除
17 容赦　18 弟子　19 尽力　20 尻尾
21 皆勤　22 添削　23 抽出　24 激励
25 傍ら　26 慎む　27 強いる　28 催す
29 摘む　30 載る　31 粘る　32 繕う
33 絡まる　34 携える　35 敷く　36 競う
37 契り　38 覆う　39 阻む　40 焦る

【二】次の――線部のカタカナを漢字になおして書きなさい。

1 海外からのユニュウに頼る。　2 公園をサンサクする。
3 ジヒ深い心。　4 液体がジョウハツする。
5 イシツ物として扱う。　6 空にニジがかかる。
7 約束をゲンシュする。　8 ズイヒツ文学。
9 キモ試しをする。　10 広告をケイサイする。
11 ヨクジツに持ち越す。　12 合格のヒッス条件。
13 バンコク旗がはためく。　14 タナバタの飾り付け。
15 細胞がブンレツする。　16 若さユエの特権。
17 コウソウビルが立ち並ぶ。　18 ミツバチを育てる。
19 人員をテンコする。　20 体にフタンをかける。
21 自学自習のクセをつける。　22 嘘をカンパする。
23 サンソ濃度が低い。　24 タマシイを込める。
25 イスに座る。　26 コハンの宿に泊まる。
27 ぶどうのフサ。　28 ギョウセキが伸びる。
29 ラガンでは見えづらい。　30 水滴がタれる。
31 神社にモウでる。　32 優勝をネラう。
33 温泉がワく。　34 ポスターをハる。
35 備えあればウレいなし。　36 雨で地面がシメる。
37 ホガらかな性格。　38 荷物をぶらサげる。
39 室内で猫をカう。　40 薬がキいて楽になる。

【三】次の各問のア、イの――線をつけたカタカナは同音・同訓異義語です。正しい漢字になおして書きなさい。

1 ア 交通をキセイする。
　イ 年末にキセイする。
2 ア 上位をシめる。
　イ 帯をシめる。
3 ア 絶好のキカイがやってくる。
　イ キカイな出来事。
4 ア 私のホン意を伝える。
　イ 彼にホン意を促す。
5 ア コウ外の家に住む。
　イ 秘密はコウ外しない。

【作　文】（三〇分）

【課題】高校生になったらチャレンジしてみたいこと

①原稿用紙のわくの中には課題・氏名を記入しないこと。

②本文は句読点を含めて三百字以内にまとめること。

③漢字はかい書で読みやすく書くこと。

④必ずこの提出用の用紙に清書して提出すること。

《提出用》

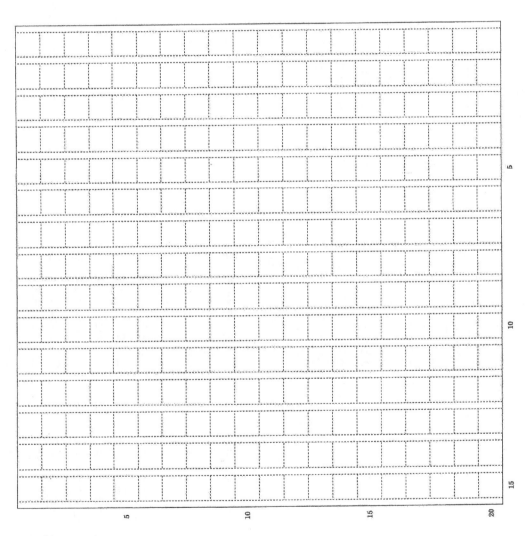

●2024年度　推薦 問題　解答●

《配点は解答欄に掲載してあります。》

＜数学解答＞

1　60　　2　$-\frac{1}{6}$　　3　$9\sqrt{2}$　　4　$x^2+3x+\frac{9}{4}$　　5　$(x-7)(x+2)$

6　$x=\frac{-2\pm\sqrt{10}}{3}$　　7　8　　8　正八角形　　9　250cm^3　　10　6cm

○推定配点○

各2点×10　　計20点

＜英語解答＞

(1)　ア　(2)　イ　(3)　ウ　(4)　ウ　(5)　イ　(6)　イ　(7)　ア　(8)　イ
(9)　ウ　(10)　ア　(11)　been　(12)　were　(13)　how　(14)　taller
(15)　playing

○推定配点○

各2点×15　　計30点

＜国語解答＞

一　①　へだ(たり)　②　ごらく　③　ぶんぴつ　④　さつえい　⑤　ゆる(やか)
⑥　まんきつ　⑦　じゅんすい　⑧　せっしゅ　⑨　さと(る)　⑩　うなが(す)
⑪　おさ(える)　⑫　こふん　⑬　ばんそう　⑭　ほうし　⑮　くや(しい)
⑯　れいこう　⑰　ばっさい　⑱　りゅうき　⑲　あわ(てる)　⑳　ぬ(う)
二　①　定刻　②　演劇　③　砂場　④　吸(う)　⑤　厳(しい)　⑥　困難　⑦　注射
⑧　洗(う)　⑨　営(む)　⑩　済(ませる)
三　①　ウ　②　オ　③　ア
四　A　①　オ　A　②　ア　B　①　エ　B　②　ア
五　①　追　②　承　③　等

○推定配点○

各1点×40　　計40点

2024年度

解　答　と　解　説

《2024年度の配点は解答欄に掲載してあります。》

＜数学解答＞

【1】 (1) -70　(2) 14　(3) 576　(4) -2　(5) $2a$　(6) $\sqrt{3}$
(7) $a^2+ab-a-3b-6$　(8) $(x-2)(x+8)$　(9) $x=\dfrac{5\pm\sqrt{13}}{2}$
(10) $x=2$, $y=-1$

【2】 (1) $a=10$　(2) $y=\dfrac{48}{x}$　(3) 10　(4) $(\pi-2)\text{cm}^2$　(5) $\angle x=101$度
(6) $x=\dfrac{16}{3}$

【3】 (1) ① $\dfrac{3}{8}$　② $\dfrac{7}{8}$　③ $\dfrac{5}{8}$　(2) ① 8点　② 6点　③ 6.5点

【4】 (1) $4\pi\text{cm}$　(2) 80度　(3) $22\pi\text{cm}^2$　(4) $\dfrac{4\sqrt{77}}{3}\pi\text{cm}^3$

【5】 (1) ① $(3,\ 9)$　② 8　(2) $(3a,\ 9a^2)$　(3) $(4,\ 16)$

○推定配点○

【1】 各3点×10　【2】 各4点×6　【3】 各3点×6　【4】 各3点×4　【5】 各4点×4
計100点

＜数学解説＞

基本 【1】 (正負の数，式の計算，平方根，式の展開，因数分解，2次方程式，連立方程式)

(1) $35-7\times15=35-105=-70$

(2) $\left(\dfrac{3}{4}-\dfrac{2}{5}\right)\times40=\dfrac{3}{4}\times40-\dfrac{2}{5}\times40=30-16=14$

(3) $(-2^3\times3)^2=(-8\times3)^2=(-24)^2=576$

(4) $1.6\div0.4-9\times\dfrac{2}{3}=4-6=-2$

(5) $4a^2\div6ab\times3b=\dfrac{4a^2\times3b}{6ab}=2a$

(6) $\sqrt{12}+\sqrt{48}-5\sqrt{3}=2\sqrt{3}+4\sqrt{3}-5\sqrt{3}=\sqrt{3}$

(7) $(a-3)(a+b+2)=a^2+ab+2a-3a-3b-6=a^2+ab-a-3b-6$

(8) $(x+4)(x-4)+6x=x^2-16+6x=x^2+6x-16=(x-2)(x+8)$

(9) $x^2+3=5x$　$x^2-5x+3=0$　解の公式を用いて，$x=\dfrac{-(-5)\pm\sqrt{(-5)^2-4\times1\times3}}{2\times1}=\dfrac{5\pm\sqrt{13}}{2}$

(10) $5x+2y=8$…①，$-3x-y=-5$…②　①＋②×2より，$-x=-2$　$x=2$　これを②に代入して，$-6-y=-5$　$y=-1$

基本 【2】 (一次方程式，反比例，座標平面，平面図形，角度)

(1) $5x+12=ax-3$に$x=3$を代入して，$15+12=3a-3$　$-3a=-30$　$a=10$

(2) $y=\dfrac{a}{x}$に$x=4$，$y=12$を代入して，$12=\dfrac{a}{4}$　$a=48$　よって，$y=\dfrac{48}{x}$

(3) 底辺の長さは，$3-(-2)=5$，高さは4だから，三角形の面積は，$\dfrac{1}{2}\times5\times4=10$

(4)　図のように弓型を移動すると，$\pi \times 2^2 \times \frac{90}{360} - \frac{1}{2} \times 2^2 = \pi - 2$(cm^2)

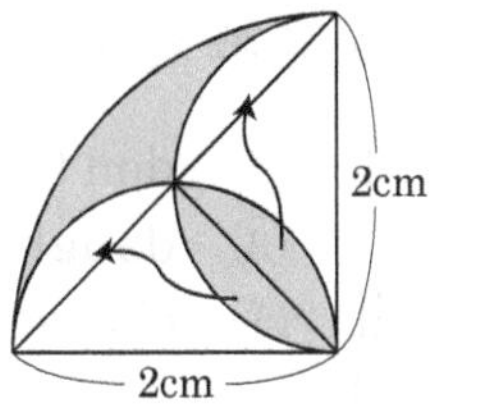

(5)　三角形の内角と外角の関係と，平行線の同位角は等しいことから，$\angle x = 53° + 48° = 101°$

重要　(6)　2組の角がそれぞれ等しいので，△ABC∽△BCD　AB：BC＝BC：CD　3：4＝4：x　$3x=16$　$x=\frac{16}{3}$

基本【3】（確率，データの整理）

(1)　硬貨の表裏の出方と表の出る硬貨の金額の合計は右の表のようになる。（○…表，×…裏）

100円	50円	10円	金額(円)
○	○	○	160
○	○	×	150
○	×	○	110
×	○	○	60
○	×	×	100
×	○	×	50
×	×	○	10
×	×	×	0

①　2枚が表となるのは3通りだから，求める確率は，$\frac{3}{8}$

②　少なくとも1枚が裏となるのは，3枚とも表でないときで，7通りあるから，求める確率は，$\frac{7}{8}$

③　表の出る硬貨の金額の合計が60円以上となるのは5通りだから，求める確率は，$\frac{5}{8}$

(2)　データを得点の低い順に並べると，2，3，3，4，5，6，7，7，7，8，10，10(点)となる。

①　範囲は，$10-2=8$(点)

②　平均値は，$\frac{2+3+3+4+5+6+7+7+7+8+10+10}{12} = \frac{72}{12} = 6$(点)

③　中央値は6番目と7番目の得点の平均で，$\frac{6+7}{2} = 6.5$(点)

基本【4】（空間図形の計量）

(1)　底面の円周の長さに等しく，$2\pi \times 2 = 4\pi$(cm)

(2)　おうぎ形の中心角の大きさを$x°$とすると，$2\pi \times 9 \times \frac{x}{360} = 4\pi$　$x = 360 \times \frac{4\pi}{18\pi} = 80$(°)

(3)　$\pi \times 9^2 \times \frac{80}{360} + \pi \times 2^2 = 22\pi$(cm^2)

重要　(4)　円錐の高さは，$\sqrt{9^2-2^2} = \sqrt{77}$　よって，体積は，$\frac{1}{3}\pi \times 2^2 \times \sqrt{77} = \frac{4\sqrt{77}}{3}\pi$(cm^3)

基本【5】（図形と関数・グラフの融合問題）

(1)　①　点Cのx座標は，$y=\frac{1}{9}x^2$に$y=1$を代入して，$1=\frac{1}{9}x^2$　$x^2=9$　$x>0$より，$x=3$　よって，点Bのx座標は3だから，$y=x^2$に$x=3$を代入して，$y=9$　B(3，9)

②　$\triangle ACB = \frac{1}{2} \times AC \times BC = \frac{1}{2} \times (3-1) \times (9-1) = 8$

(2)　A(a，a^2)　$y=\frac{1}{9}x^2$に$y=a^2$を代入して，$a^2=\frac{1}{9}x^2$　$x^2=9a^2$　$x>0$より，$x=3a$　よって，C($3a$，a^2)　$y=x^2$に$x=3a$を代入して，$y=9a^2$　B($3a$，$9a^2$)

重要　(3)　(2)より，$AC=3a-a=2a$，$BC=9a^2-a^2=8a^2$　AC：BC＝1：16より，BC＝16AC　$8a^2=16\times 2a$　$a^2-4a=0$　$a(a-4)=0$　$a>0$より，$a=4$　よって，A(4，16)

★ワンポイントアドバイス★

ここ数年，出題構成や難易度に大きな変化はない。あらゆる分野の基礎を固めておこう。過去の出題例もよく研究して慣れておこう。

＜英語解答＞

Ⅰ (1) don't (2) ② visiting ④ talking ⑤ left ⑥ written
(3) daughter (4) each other (5) エ (6) ア・エ
Ⅱ (1) choose (2) showed (3) swum (4) won (5) lose
Ⅲ (1) ア (2) イ (3) イ (4) ア (5) イ
Ⅳ (1) without (2) necessary (3) ever (4) If (5) best
Ⅴ (1) had (2) enough (3) lives (4) Which (5) for
Ⅵ (1) season (2) less (3) Japanese (4) teeth (5) easy
Ⅶ (1) イ (2) エ (3) オ (4) ウ (5) ア
Ⅷ (1) イ (2) ア (3) ウ (4) ア (5) ア
Ⅸ (1) × (2) × (3) ○ (4) × (5) ○

○推定配点○
各2点×50　　計100点

＜英語解説＞

Ⅰ (長文読解・物語文：語句補充，内容吟味)

(大意) 友子は高校生だ。ある土曜日の夜，彼女は母に言った。「今日，先生が私たちにボランティア活動について書くように言ったの。あなたはボランティアとして高齢の人々を手伝っているわ①よね。宿題を手伝ってくれる」「もちろんよ。明日，加藤さんを訪ねるつもりなの。彼は85歳で1人で住んでいるわ。私は毎週日曜日に彼を昼食に連れていって家の掃除もするの。一緒に彼を②訪ねるのはどう」と母は言った。次の日，友子と母は加藤さんを訪ね，母は彼に「こちらは私の③娘，友子です」と言った。加藤さんは友子に「庭を見せたいんだ」と言い，彼らはそこへ行った。「お花がとても美しいです」と彼女は叫んだ。彼は「それらに一緒に水をやろう」と言った。彼女は庭で彼を手伝い，午前中に④話すことを楽しんだ。彼は彼女に彼らの町の歴史について話した。数時間後，友子と母は加藤さんの家を⑤去った。家への途中で，友子は母に「彼は私たちの町の歴史をとてもよく知っていたの」と言った。母は言った。「私は私たちの町の歴史についての彼によって⑥書かれた本を持っているわ」「私はボランティア活動についての宿題を終わらせることができる。また加藤さんを訪ねたい。次回，私は彼に昼食を作るつもりよ」「それは良い考えね」 彼らは⑦お互いに微笑んだ。

(1) 付加疑問の文では，主語を代名詞に換え，もとの文を疑問文にした形のうち，最初の＜助動詞[be 動詞]＋主語＞の部分を使う。それを肯定・否定を逆にする。ここでは一般動詞を用いた現在の肯定文 you help だから，疑問形 do you を否定にし don't you とする。

(2) ② <How about ＋動名詞？>で「～するのはどうですか」の意味。動名詞は＜動詞＋ing＞の形。 ④ enjoy —ing で「～するのを楽しむ」の意味。「～すること」という表現が enjoy の目的語になる場合は動名詞しか使えない。 ⑤ 文章全体が過去の内容なので時制は過去。leave の過去形は left である。 ⑥ a book を「彼によって書かれた」が修飾する，分詞を使った文。a book は「書かれた」と受動の意味を持つので過去分詞 written を使うのが適切。

(3) 「母」が「加藤さん」に「友子」を紹介している場面である。「母」から見て「友子」は daughter「娘」である。

(4) each other「お互い」

(5)「友子はまた加藤さんの家に行ったとき，彼のために何をするつもりか」 ア「彼女は彼を昼食に連れていくつもりだ」(×) イ「彼女は宿題のことで彼を手伝うつもりだ」(×) ウ「彼女は彼の家を掃除するつもりだ」(×) エ「彼女は彼に昼食を作るつもりだ」 最終段落最後から3文目参照。(○)

(6) ア「友子は加藤さんと話した」 第3段落最後から2文目参照。(○) イ「友子は加藤さんのために昼食を作った」(×) ウ「友子は彼らの町の歴史についての本を読んだ」(×) エ「友子は加藤さんと花に水をやった」 第3段落最後から3文目・2文目参照。(○) オ「友子は彼女の母と一緒に加藤さんの家を掃除した」(×)

基本 Ⅱ (語い)

(1) choose — chose — chosen

(2) show — showed — shown

(3) swim — swam — swum

(4) win — won — won

(5) lose — lost — lost

Ⅲ (語句補充：分詞，現在完了，語い，前置詞)

やや難 (1) an aunt を分詞以下が修飾している文。an aunt は「(大阪に)住んでいる」ので，現在分詞 living を使うのが適切。

(2) yet は「まだ[もう]」の意味で<have[has]＋動詞の過去分詞形>の形をとる現在完了の完了の用法の疑問文・否定文で文尾に置いて用いる。read は read「読む」の過去分詞形。

(3) by は「～までには」という完了の期限を表し，until は「～までずっと」という継続の期限を表す。「～曜日に」の意味にするには<on ＋曜日>を用いる。ここでは by を使うのが適切。

重要 (4) a little「少しの」は数えられない名詞に，a few「少しの」は数えられる名詞に，some「いくつかの[いくらかの]」は単独で数えられる名詞と数えられない名詞のどちらにもつく。sugar「砂糖」は数えられない名詞。

(5) 過去の一時点を示す last year「去年」が用いられているから，過去形 visited にする。

Ⅳ (書き換え：前置詞，語い，現在完了，接続詞，比較)

(1) <not ＋動詞の原形＋ and ～>から<～ without ＋動名詞>への書き換え。どちらも「～しないで」の意味。

(2)「～しなくても良い」の意味の don't have to ～から It is not necessary for A to ～への書き換え。

(3) <主語＋ have[has]＋ never ＋動詞の過去分詞形＋ such ＋形容詞(原級)>から<This is the ＋形容詞(最上級)＋主語＋ have[has]＋ ever ＋動詞の過去分詞形>「これは最も～だ」への書き換え。ever「今までに」は現在完了の経験用法で動詞の過去分詞形の直前に置いて用いる。

(4) 禁止の意味を表す否定の命令文<Don't ＋動詞の原形～, or ＋肯定文>「…するな，さもないと～」から，if you ～「もし～すれば」の文への書き換え。

(5) <比較級＋ than any other ＋名詞の単数形>「他のどの…よりも～だ」から<(the)＋形容詞[副詞]の最上級＋ in[of]～>の形をとる最上級の文「1番～だ」への書き換え。better は good の比較級で，最上級は best である。

Ⅴ (語句補充：仮定法，不定詞，間接疑問文，比較，現在完了)

やや難 (1) 現在の内容についてのありえない仮定をする時に使う，仮定法過去の文。仮定法過去は<If＋

主語A＋過去形の動詞～，主語B＋過去の助動詞＋動詞の原形…>の形で，「もしAが～ならば，Bは…だろう」の意味。have の過去形は had である。

(2) <very を用いた文＋can[could]＋動詞の原形>の文から<～ enough to ＋動詞の原形>の文への書き換え。

(3) 「彼はどこに住んでいるのですか」，つまり「彼はどこに住んでいるのか知りたい」のである。間接疑問文では，疑問詞以降は where he lives と平叙文の語順になる。

(4) 2者を比べて「どちらが(より)好きですか」と言うときは，比較級を用いて<Which(～)do you like better, A or B ?>とする。

(5) <How long have[has]＋主語＋動詞の過去分詞形～?>の形を用いて時間の幅を尋ねているから，for「～の間」と答えるのが適切。

Ⅵ (語い)

(1) August「8月」は「月」の1つで，summer「夏」は season「季節」の1つである。

(2) good「良い」の比較級は better で，little「小さい」の比較級は less である。

(3) America「アメリカ」に国籍を持つ人は American「アメリカ人」で，Japan「日本」に国籍を持つ人は Japanese「日本人」である。

(4) woman「女性」の複数形は women で，tooth「歯」の複数形は teeth である。

(5) rich「裕福な」の対義語は poor「貧しい」で，difficult「難しい」の対義語は easy「易しい」である。

Ⅶ (語句補充：接続詞)

(1) <主語A＋動詞B～＋ because ＋主語C＋動詞D…>「Cが…DだからAが～B」

(2) before ～「～(の)前に」

(3) <命令文＋, and>「～しなさい，そうすれば」

(4) <I am afraid(that)＋主語＋動詞～>「～だと恐れる」「～ではないかと心配する」

(5) 「宿題を済ませてから」，つまり「宿題をした後に」である。after ～「～(の)後に」

Ⅷ (会話文：語句補充)

(1) A：イすみません。質問してもよろしいですか。／B：もちろんです。何ですか。
excuse me「すみません」

(2) A：宿題のことで私を手伝ってください。／B：アいいですよ。／A：ありがとうございます。

(3) A：コーヒーはいかがですか。／B：ウいいえ，結構です。

(4) A：メアリー，こちらは私の兄，タロウです。／B：アお会いできてうれしいです，タロウ。

(5) A：あなたは昨日，フレッドに会いましたか。／B：はい，ア会いました。

Ⅸ (発音)

(1) 左は [ʌ]，右は [ou] と発音する。

(2) 左は [u]，右は [uː] と発音する。

(3) どちらも [iː] と発音する。

(4) 左は [θ]，右は [ð] と発音する。

(5) どちらも [i] と発音する。

★ワンポイントアドバイス★

会話文問題でよく出題される会話表現はまとめて覚えるようにしよう。日本語に直訳すると意味のわからない特殊な表現は，特に気をつけよう。

＜国語解答＞

【一】 1 にょじつ　2 せじょう　3 なだれ　4 はすう　5 るいじ　6 ゆくえ
7 ろうもん　8 さくしゅ　9 いちよく　10 しょくぼう　11 かんぱん
12 ちき　13 くじら　14 いしずえ　15 とくめい　16 めんじょ
17 ようしゃ　18 でし　19 じんりょく　20 しっぽ　21 かいきん
22 てんさく　23 ちゅうしゅつ　24 げきれい　25 かたわ(ら)
26 つつし(む)　27 し(いる)　28 もよお(す)　29 つ(む)　30 の(る)
31 ねば(る)　32 つくろ(う)　33 から(まる)　34 たずさ(える)
35 し(く)　36 きそ(う)　37 ちぎ(り)　38 おお(う)　39 はば(む)
40 あせ(る)

【二】 1 輸入　2 散策　3 慈悲　4 蒸発　5 遺失　6 虹　7 厳守
8 随筆　9 肝　10 掲載　11 翌日　12 必須　13 万国　14 七夕
15 分裂　16 故　17 高層　18 蜜蜂　19 点呼　20 負担　21 癖
22 看破　23 酸素　24 魂　25 椅子　26 湖畔　27 房　28 業績
29 裸眼　30 垂(れる)　31 詣(でる)　32 狙(う)　33 湧(く)
34 貼(る)　35 憂(い)　36 湿(る)　37 朗(らか)　38 提(げる)
39 飼(う)　40 効(いて)

【三】 1 ア 規制　イ 帰省　2 ア 占める　イ 締める　3 ア 機会
イ 奇怪　4 ア 本　イ 翻　5 ア 郊　イ 口

【四】 1 エ　2 ケ　3 コ　4 オ　5 ウ

【五】 1 宴　2 炊　3 顧　4 敏　5 途

○推定配点○

各1点×100　　計100点

＜国語解説＞

【一】 (漢字の読み)

1 「如」の音読みはほかに「ジョ」。熟語は「欠如」「突如」など。訓読みは「ごと(し)」。 2 「施」を使った熟語はほかに「施術」「施主」など。音読みはほかに「シ」。熟語は「施設」「実施」など。訓読みは「ほどこ(す)」。 3 「雪崩(なだれ)」は特別な読み方。「雪」を使った特別な読み方はほかに「吹雪(ふぶき)」がある。 4 「端」の訓読みはほかに「はし」「はた」。音読みは「タン」。熟語は「端的」「端緒」など。 5 「類」を使った熟語はほかに「類型」「類推」など。訓読みは「たぐ(い)」。 6 「行方(ゆくえ)」は特別な読み方。「行」の音読みは「コウ」「ギョウ」「アン」。訓読みは「い(く)」「ゆ(く)」「おこな(う)」。 7 「楼」を使った熟語はほかに「楼閣」「鐘楼」など。

8 「搾」を使った熟語はほかに「搾乳」「圧搾」など。訓読みは「しぼ(る)」。 9 「翼」を使った熟語はほかに「尾翼」「両翼」など。訓読みは「つばさ」。 10 「嘱」を使った熟語はほかに「嘱託」「委嘱」など。 11 「甲」の音読みはほかに「コウ」。熟語は「甲羅」「装甲」など。訓読みは「かぶと」「きのえ」。 12 「己」を使った熟語はほかに「克己」。音読みはほかに「コ」。熟語は「自己」「利己」など。訓読みは「おのれ」。 13 「鯨」の音読みは「ゲイ」。熟語は「鯨油」「捕鯨」など。 14 「礎」の音読みは「ソ」，熟語は「礎石」「基礎」など。 15 「匿」を使った熟語はほかに「隠匿」「秘匿」など。訓読みは「かく(す)」。 16 「免」を使った熟語はほかに「免疫」

「免許」など。訓読みは「まぬか(れる)」。　17 「赦」を使った熟語はほかに「赦免」「恩赦」など。訓読みは「ゆる(す)」。　18 「弟」の音読みはほかに「ダイ」「テイ」。熟語は「兄弟」「子弟」など。訓読みは「おとうと」。　19 「尽」を使った熟語はほかに「一網打尽」「理不尽」など。訓読みは「つ(かす)」「つ(きる)」「つ(くす)」。　20 「尻」を使った熟語はほかに「尻目」「尻餅」など。　21 「皆」を使った熟語はほかに「皆無」「皆目」など。訓読みは「みな」。　22 「添」を使った熟語はほかに「添加」「添付」など。訓読みは「そ(う)」「そ(える)」。　23 「抽」を使った熟語はほかに「抽象」「抽選」など。　24 「激」を使った熟語はほかに「激突」「激論」など。訓読みは「はげ(しい)」。　25 「傍」の訓読みはほかに「そば」。音読みは「ボウ」。熟語は「傍観」「傍聴」など。　26 「慎」の音読みは「シン」。熟語は「慎重」「謹慎」など。　27 「強」の訓読み「つよ(い)」「つよ(まる)」「つよ(める)」「し(いる)」。音読みは「キョウ」「ゴウ」。熟語は「強調」「強引」など。　28 「催」の音読みは「サイ」。熟語は「催促」「開催」など。　29 「摘」の音読みは「テキ」。熟語は「摘要」「指摘」など。　30 「載」の訓読みは「の(る)」「の(せる)」。音読みは「サイ」。熟語は「記載」「連載」など。　31 「粘」の音読みは「ネン」。熟語は「粘着」「粘土」など。　32 「繕」の音読みは「ゼン」。熟語は「営繕」「修繕」など。　33 「絡」の訓読みは「から(まる)」「から(む)」。音読みは「ラク」。熟語は「脈絡」「連絡」など。　34 「携」の訓読みは「たずさ(える)」「たずさ(わる)」。音読みは「ケイ」。熟語は「携帯」「提携」など。　35 「敷」の音読みは「フ」。熟語は「敷設」。　36 「競」の訓読みは「きそ(う)」「せ(る)」。音読みは「キョウ」「ケイ」。熟語は「競技」「競馬」など。　37 「契」の音読みは「ケイ」。熟語は「契約」「契機」など。　38 「覆」の訓読みは「おお(う)」「くつがえ(る)」「くつがえ(す)」。音読みは「フク」。熟語は「覆水」「覆面」など。　39 「阻」の音読みは「ソ」。熟語は「阻止」「阻害」など。　40 「焦」の訓読みは「あせ(る)」「こ(がす)」「こ(がれる)」「こ(げる)」。音読みは「ショウ」。熟語は「焦燥」「焦点」など。

【二】 **(漢字の書き取り)**

1 「輪」を使った熟語はほかに「輪血」「輪送」など。　2 「散」を使った熟語はほかに「散逸」「散財」など。訓読みは「ち(らかす)」「ち(らかる)」「ち(らす)」「ち(る)」。　3 「慈」を使った熟語はほかに「慈愛」「慈雨」など。訓読みは「いつく(しむ)」。　4 「蒸」を使った熟語はほかに「蒸気」「蒸留」など。訓読みは「む(す)」「む(らす)」「む(れる)」。　5 「遺」 を使った熟語はほかに「遺棄」「遺伝」など。音読みはほかに「ユイ」。訓読みは「のこ(す)」。　6 「虹」の音読みは「コウ」。熟語は「虹彩」など。　7 「厳」を使った熟語はほかに「厳重」「厳粛」など。訓読みは「おごそ(か)」「きび(しい)」。　8 「随」を使った熟語はほかに「随時」「随伴」など。　9 「肝」の訓読みは「カン」。熟語は「肝臓」「肝要」など。　10 「掲」を使った熟語はほかに「掲示」「掲揚」など。訓読みは「かか(げる)」。　11 「翌」を使った熟語はほかに「翌週」「翌年」など。　12 「必」を使った熟語はほかに「必至」「必然」など。訓読みは「かなら(ず)」。　13 「万」を使った熟語はほかに「万策」「万端」など。音読みは「マン」。訓読みは「よろず」。　14 「七夕(たなばた)」は特別な読み方。「七」の音読みは「シチ」。訓読みは「なな」「なな(つ)」「なの」。　15 「裂」を使った熟語はほかに「破裂」「支離滅裂」など。訓読みは「さ(く)」「さ(ける)」。　16 「故」の音読みは「コ」，熟語は「故郷」「故事」など。　17 「層」を使った熟語はほかに「断層」「地層」など。　18 「蜜」を使った熟語はほかに「蜜月」「水蜜桃」など。「蜜柑(みかん)」と言う読み方もある。　19 「点」を使った熟語はほかに「点検」「点滴」など。訓読みは「つ(ける)」。　20 「負」を使った熟語はほかに「負荷」「負傷」など。訓読みは「お(う)」「ま(かす)」「ま(ける)」。　21 「癖」の音読みは「ヘキ」。熟語は「潔癖」「習癖」など。　22 「看」を使った熟語はほかに「看過」「看護」など。訓読みは「み(る)」。　23 「酸」を使った熟語はほかに「酸化」「酸味」など。訓読みは「す(い)」。　24 「魂」の音読みは「コン」。熟語は「魂胆」「鎮魂」など。　25 「子」を使った熟語はほかに「様子」「扇子」など。音読みはほかに「シ」。訓読みは「こ」「ね」。 26 「湖」を使った熟語はほかに「湖岸」「湖沼」など。訓読みは「みずうみ」。 27 「房」の音読みは「ボウ」。熟語は「官房」「冷房」など。 28 「績」を使った熟語はほかに「実績」「成績」など。 29 「裸」を使った熟語はほかに「裸子植物」「裸体」など。訓読みは「はだか」。 30 「垂」の訓読みは「た(らす)」「た(れる)」。音読みは「スイ」。熟語は「垂直」「垂範」など。 31 「詣」の訓読みは「いた(る)」「もう(でる)」。音読みは「ケイ」。熟語は「参詣」「造詣」など。 32 「狙」の音読みは「ソ」。熟語は「狙撃」。 33 「湧」の音読みは「ユウ」。熟語は「湧泉」「湧水」など。 34 「貼」の音読みは「チョウ」「テン」。熟語は「貼付」。 35 「憂」の訓読みは「う(い)」「うれ(い)」「うれ(える)」。音読みは「ユウ」。熟語は「憂慮」「憂愁」など。 36 「湿」の訓読みは「しめ(す)」「しめ(る)」。音読みは「シツ」。熟語は「湿度」「湿地」など。 37 「朗」の音読みは「ロウ」。熟語は「朗読」「朗報」など。 38 「提」の音読みは「テイ」。熟語は「提案」「提出」など。 39 「飼」の音読みは「シ」。熟語は「飼育」「飼料」など。 40 「効」の音読みは「効果」「効率」など。

【三】 (同音・同訓異義語)

やや難

1 「規制」は，規則を定めて制限すること。「帰省」は，故郷に帰ること。 2 「占める」は，その場所や地位などを所有し，そこをふさぐこと。「締める」は，強く結んでゆるまないようにすること。「帯を締める」「ネクタイを締める」などと使う。 3 「機会」は，あることを行うのにちょうどよい時期。「奇怪」は，ふつうでは考えられないほど変わっていて，不思議な事。 4 「本意」は，本来の意思・希望，という意味。「翻意」は，決心を変えること。 5 「郊外」は，都会の周辺で，田畑，野原などが多くある地域。「口外」は，秘密などを他人に話すこと。

【四】 (四字熟語)

1 「神出鬼没(しんしゅつきぼつ)」は，前ぶれもなく突然現れたり，急に消えたりすること。出没が不意ですばやく，まったく予測がつかないこと。 2 「衆人環視(しゅうじんかんし)」は，大勢が周囲にいて，たくさんの人が見つめていること。 3 「孤軍奮闘(こぐんふんとう)」は，手助けをする者が誰もいない中で，一人で懸命にがんばること。 4 「用意周到(よういしゅうとう)」は，準備を怠りなくすること。 5 「起承転結(きしょうてんけつ)」は，文章や話の構成の仕方，また物語の順序や展開の仕方のこと。もともとは，漢詩の構成法の一つ。

【五】 (熟語作成)

1 「宴会」「祝宴」「宴席」となる。 2 「炊飯」「炊事」「自炊」となる。 3 「顧客」「回顧」「顧問」となる。 4 「敏感」「敏腕」「鋭敏」となる。 5 「途中」「途上」「前途」となる。

(作文)

テーマは「高校生になったらチャレンジしてみたいこと」なので，まず，「チャレンジしてみたいこと」を決めて，冒頭ではっきりと示そう。テーマ選びは重要なポイントとなるので，高校生にふさわしい内容であること，実現可能なものであること，前向きな姿勢・自らの精神的な成長につながる内容であること，などを念頭に置いてテーマを決めよう。原稿用紙の使い方，誤字脱字などに注意し，必ず見直しをして完成させよう。

★ワンポイントアドバイス★

漢字の読み書きは，やや難しいもの，特別な読み方をするものなどを中心に万全な対策を！ 毎年出題されている四字熟語，同音・同訓異義語，熟語作成は，問題集を使って力をつけよう！

MEMO

大切なことはメモしておこうネ！

2023年度

★★★★★★★★★★★★★★★★★★★★★★★★

入　試　問　題

2023年度

愛国高等学校入試問題

【作　文】（五〇分）

【課題】私が友人と接する時に気をつけていること

①原稿用紙のわくの中には課題・氏名を記入しないこと。
②本文（課題・氏名を除く）は句読点を含めて四百字以内にまとめること。
③漢字はかい書で正しく書くこと。
④必ずこの提出用の用紙に清書して提出すること。

《提出用》

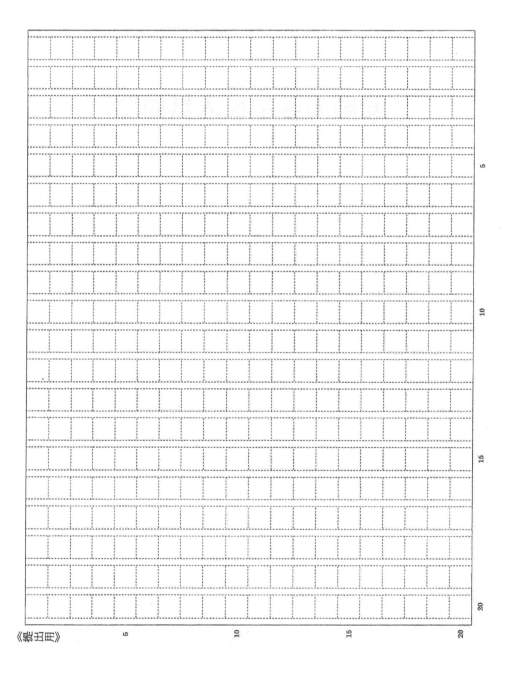

【作　文】（五〇分）

【課題】中学校生活を漢字一字で表わすとすれば

①原稿用紙のわくの中には課題・氏名を記入しないこと。

②本文（課題・氏名を除く）は句読点を含めて四百字以内にまとめること。

③漢字はかい書で正しく書くこと。

④必ずこの提出用の用紙に清書して提出すること。

《提出用》

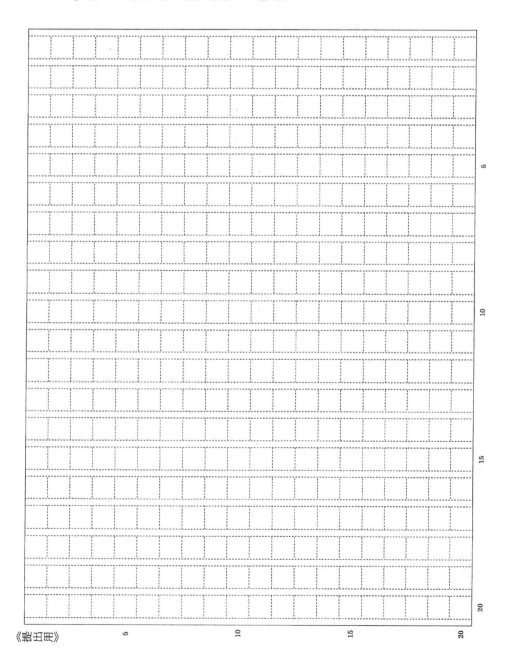

【数　学】（数学・英語・国語合わせて60分）

1．$-3 \div (-12) \times 8$　を計算しなさい。

2．$\frac{27}{10} \times \frac{8}{9} \div \frac{12}{15}$　を計算しなさい。

3．$\sqrt{18} - \sqrt{50} + 2\sqrt{8}$　を計算しなさい。

4．$(3x-4)^2$を展開しなさい。

5．$3x^2 + 9x - 30$　を因数分解しなさい。

6．連立方程式 $\begin{cases} x + 3y = 1 \\ 2x + y = -3 \end{cases}$ を解きなさい。

7．２次方程式　$3x^2 + 5x - 4 = 0$　を解きなさい。

8．袋の中に赤玉６個と白玉４個が入っています。この袋から同時に２個の玉を取り出すとき，２個とも白玉である確率を求めなさい。

9．下の図は，ＡＤ∥ＢＣの台形ＡＢＣＤです。辺ＡＢの中点をＥとし，Ｅから辺ＢＣに平行な直線をひき，ＣＤとの交点をＦとします。ＡＤ＝５㎝，ＢＣ＝９㎝のとき，ＥＦの長さを求めなさい。

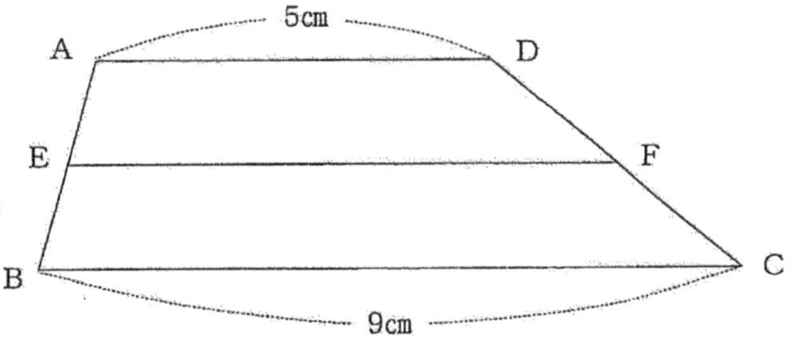

10．下の図の直方体で，ＡＢ＝５㎝，ＢＣ＝４㎝，ＣＧ＝２㎝のとき，対角線ＢＨの長さを求めなさい。

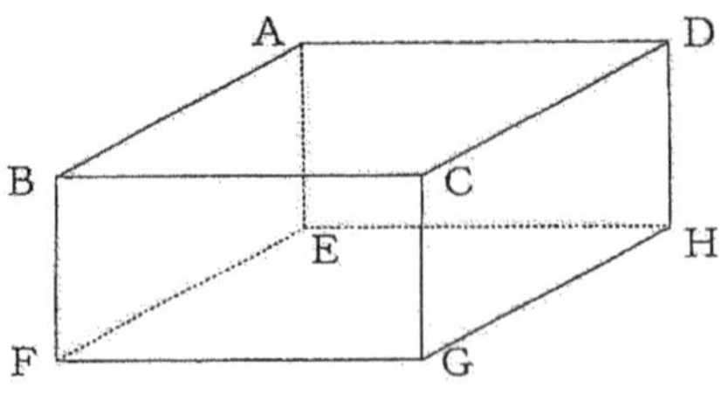

【英　語】（数学・英語・国語合わせて60分）

次の(1)～(5)のそれぞれの対話の（　）内に入る適当なものを，以下のア～ウから１つずつ選び，記号で答えなさい。

(1) A：You look tired today.
B：(　　　).
ア. I couldn't sleep well　イ. Let's have a vacation　ウ. Yes, I'm fine

(2) A：Bob, what's wrong with your smartphone?
B：(　　　).
ア. Please have one　イ. It doesn't work well
ウ. It's too expensive

(3) A：Have you finished your homework?
B：(　　　).
ア. No, not yet　イ. I have no idea　ウ. I will help you

(4) A：Excuse me. Where is the post office.
B：(　　　).
ア. Sorry, I'm not from here　イ. It's up to you
ウ. It's across from the park

(5) A：Hello. This is John.
B：Sorry, John. I'm driving a car now.
A：(　　　).
ア. OK. I'll call you later　イ. That's very kind of you
ウ. Yes, I'd love to

次の(6)～(10)の文の（　）内から適切な語を選び，記号で答えなさい。

(6) My sister (ア. is sleeping　イ. was sleeping　ウ. sleep) on the sofa when I came home.

(7) The top of the mountain is covered (ア. on　イ. over　ウ. with) snow.

(8) Ken (ア. was　イ. has been　ウ. having been) practicing baseball since this morning.

(9) The girl (ア. who　イ. whom　ウ. where) came to see me was my cousin.

(10) Today, many people go abroad (ア. studies　イ. studying　ウ. to study) English.

次の(11)～(15)の各組の英文がほぼ同じ意味になるよう（　）内に適語を入れなさい。

(11) Speaking English is easier than speaking Japanese for me.
Speaking Japanese is more (　　　) than speaking English for me.

(12) Mary spoke so fast that I couldn't understand her.
Mary spoke too fast for me (　　　) understand.

(13) I was happy to see her smile.
Her smile (　　　) me happy.

(14) What do you call this animal in English?
What is this animal (　　　) in English?

(15) You must not be late for the today's meeting.
(　　　) be late for the today's meeting.

【国　語】（数学・英語・国語合わせて六〇分）

一、次の漢字の読みをひらがなで書きなさい。

① 華美　② 円滑　③ 郊外　④ 必携　⑤ 克明
⑥ 覚悟　⑦ 概念　⑧ 大胆　⑨ 娯楽　⑩ 暫時
⑪ 突如　⑫ 陶器　⑬ 安穏　⑭ 潤む　⑮ 凝る
⑯ 詠む　⑰ 巧み　⑱ 憩い　⑲ 鎮める　⑳ 控える

二、次の文中の――部のカタカナを漢字に直して書きなさい。

① カサクに選ばれる。　② 山奥でタキにうたれる。
③ 室内のセイソウをする。　④ ユウカンな行い。
⑤ 目をオオう。　⑥ フクシ事業。
⑦ 厳正にシンサする。　⑧ 天ぷらをアげる。
⑨ 海にモグる。　⑩ ツナ引きをする。

三、次の①～③の（　）に共通する漢字を入れて熟語を作りなさい。漢字は、左の語群の中から選び、記号で答えなさい。

① 冷（　）・（　）結・（　）傷
② 常（　）・知（　）・（　）別
③ （　）根・人（　）・石（　）

【語群】
ア、職　イ、垣　ウ、柿　エ、凍　オ、棟　カ、識

四、次のAとBの――部のカタカナにあてはまる漢字をそれぞれ左の語群の中から選び、記号で答えなさい。

A ① 山菜トりに出かける。
　② 集合写真をトる。

【語群A】
ア、捕　イ、取　ウ、撮　エ、採　オ、執

B ① ゲームにム中になる。
　② 論理にム盾が生じる。

【語群B】
ア、無　イ、夢　ウ、務　エ、矛　オ、霧

五、次の①～③はそれぞれ類義語です。（　）に入る適切な語を左の語群の中から選び、漢字に直して書きなさい。

① 中心――主（　）　② 空費――（　）費
③ 辛坊――我（　）

【語群】
ロウ・カク・ジク・ショウ・マン

MEMO

大切なことはメモしておこうネ！

2023年度

愛国高等学校入試問題（一般）

【数　学】（50分）　＜満点：100点＞

【1】　次の各問に答えなさい。

(1)　$42-12\times8$ を計算しなさい。

(2)　$\left(\frac{3}{4}+\frac{5}{3}\right)\times12$ を計算しなさい。

(3)　$2^3\times(-3^4)$ を計算しなさい。

(4)　$-10\times\frac{3}{5}-2.4\div(-0.3)$ を計算しなさい。

(5)　$6a^2b\div(-a)\div3b$ を計算しなさい。

(6)　$\sqrt{20}+\frac{10}{\sqrt{5}}$ を計算しなさい。

(7)　$(4-2x)(4+2x)$ を展開しなさい。

(8)　$x^2+2(3x+4)$ を因数分解しなさい。

(9)　2次方程式 $x^2=7x$ を解きなさい。

(10)　連立方程式 $\begin{cases}3x+8y=13\\3x=5y\end{cases}$ を解きなさい。

【2】　次の各問に答えなさい。

(1)　$\sqrt{2}=1.414$ として，$\sqrt{200}$ の値を求めなさい。

(2)　y は x に比例し，そのグラフが点（2，4）を通るとき，y を x の式で表しなさい。

(3)　$2:x=2.5:3.5$ のとき，x の値を求めなさい。

(4)　右の図で，色の部分の面積を求めなさい。ただし，円周率は π とします。

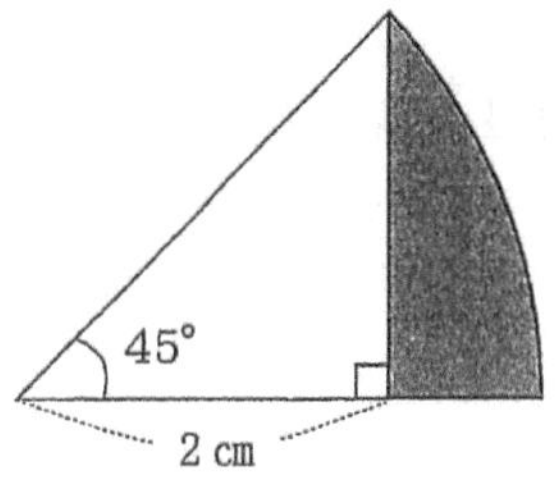

(5)　右の図で，$\ell\parallel m$，AB＝BC＝CAのとき，$\angle x$ の大きさを求めなさい。

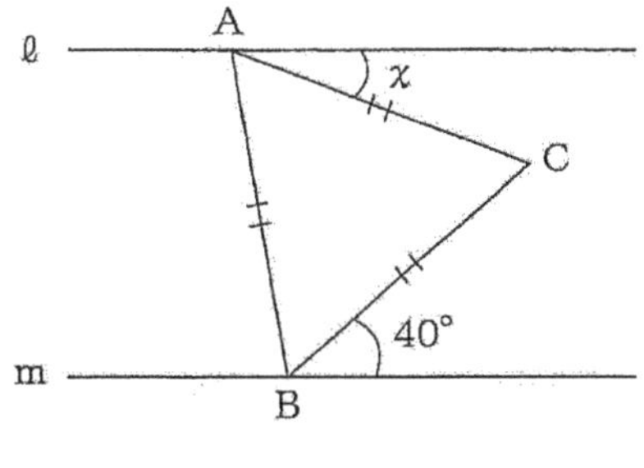

⑹　下の図で，∠ABC＝∠ADEのとき，x の値を求めなさい。

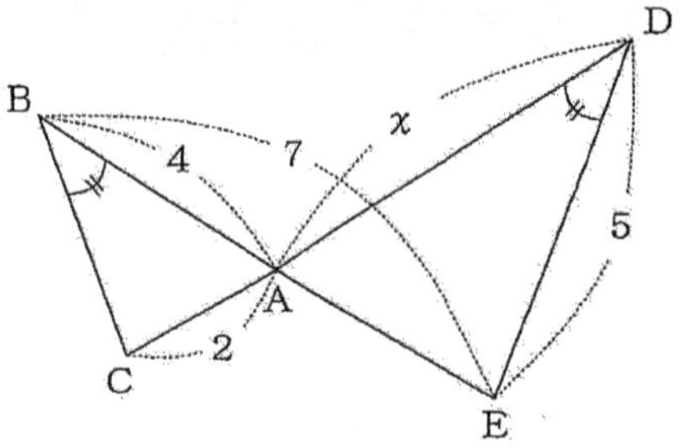

【３】　次の各問に答えなさい。

⑴　大小２つのさいころを同時に投げて，大きいさいころで出た目を a，小さいさいころで出た目を b とします。次の各問に答えなさい。

①　ａｂ＝12となる確率を求めなさい。

②　ａ＜ｂとなる確率を求めなさい。

③　$\frac{a}{b}$＝２となる確率を求めなさい。

⑵　右の表は，35人の生徒の身長を度数分布表に整理したものです。次の各問に答えなさい。

①　x にあてはまる数を求めなさい。

②　背の高い順で並んだとき，真ん中の生徒はどの階級に入るか求めなさい。

③　最頻値を求めなさい。

身長（cm）	度数（人）
130以上 ～ 140未満	6
140 ～ 150	１２
150 ～ 160	１３
160 ～ 170	x
170 ～ 180	1
計	３５

【４】　右の図のような三角形を直線 ℓ を軸として回転させてできる立体について，次の各問に答えなさい。

⑴　この立体の名前を答えなさい。

⑵　この立体の表面積を求めなさい。

⑶　この立体の体積を求めなさい。

⑷　この立体を直線 ℓ をふくむ平面で切ったときの切り口の図形の面積を求めなさい。

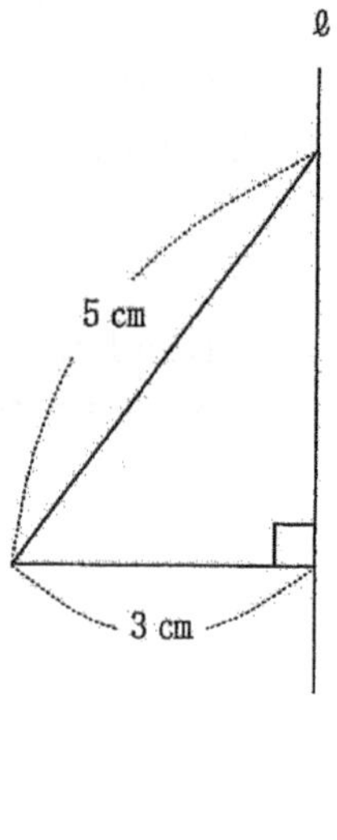

【５】 下の図のように，四角形ＯＡＢＣが平行四辺形となるとき，次の各問に答えなさい。

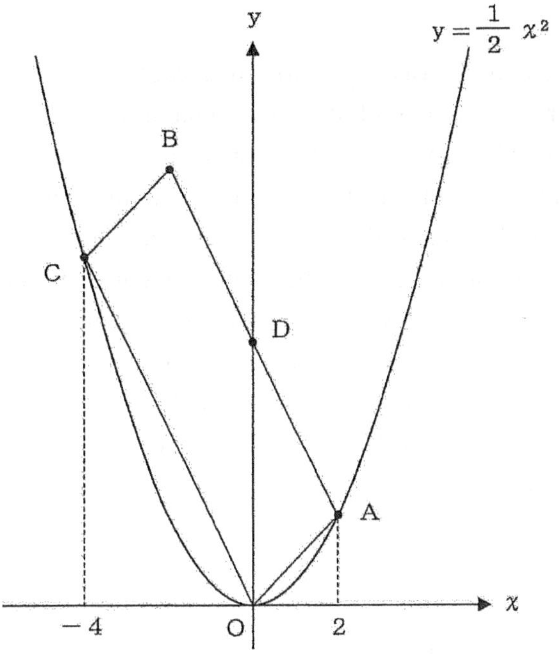

⑴ 点Ｃの y 座標を求めなさい。

⑵ ２点ＡとＢを通る直線の傾きを求めなさい。

⑶ 点Ｂの座標を求めなさい。

⑷ 点Ｄを通り，平行四辺形ＯＡＢＣの面積を２等分する直線の式を求めなさい。

【英　語】（50分）　＜満点：100点＞

I　次の英文を読み，下の設問に答えなさい。

Many years ago, a tiger was ①(catch) in a cage ②(　　　) was too strong for him. He tried hard to get out of it, but he couldn't.

Then an old man came by. The tiger shouted. "Open the door of this cage." "Oh, no, my friend," said the man. "I can't open the door. If I do so, ③you'll eat me." "No, I won't!" ④cried the tiger. "Please open the cage! I'll thank you very much." The tiger began to cry. The man thought for some time and then he opened the door of the cage. When the door was opened, the tiger jumped out of the cage. "You are foolish," said the tiger. I have been in that cage ⑤(　　　) a long time, and I am very hungry. I'll eat you."

⑥The man was very surprised. So he could not speak. He only said, "That is the wrong thing to do."

Just then a dog came. ⑦(ア the dog,　イ everything,　ウ the old man,　エ told). "Well, you were in the cage and the tiger came?" asked the dog. "No! ⑧You are very foolish. I was in the cage." cried the tiger in an angry voice. "Mr. Tiger, how did you get into the cage?" said the dog. "How did I get into the cage?" cried the tiger. "There is only one way." "Mr. Tiger, what is the only way to get into the cage?" The tiger jumped into the cage. "This is the way!" "Oh, yes, now I understand," said the dog and shut the door ⑨(quickly, slowly).

In this way the good old man was saved.

〔注〕 get out of ～　～から出る

【設問】

(1)　下線部①の（　）内の語を正しい形にしなさい。

(2)　下線部②の（　）内に that 以外の関係代名詞を入れなさい。

(3)　下線部③を以下のように書き換えたとき，（　）内に入る適語を１語答えなさい。
　　I will (　　　) eaten by you.

(4)　下線部④とほぼ同じ意味の語を本文より抜き出し，原形で答えなさい。

(5)　下線部⑤が「長い間」という意味になるように，（　）内に入る適語を１語答えなさい。

(6)　下線部⑥の２つの文を以下のように１つの文に書き換えたとき，a，bそれぞれの（　）内に入る適語を１語ずつ答えなさい。
　　The man was (a) surprised (b) speak.

(7)　下線部⑦が「その老人は全てのことをその犬に話しました。」という意味になるよう（　）内を並べ替え，（　）内で３番目にくるものを記号で答えなさい。但し，文頭にくる語も小文字で記してある。

(8)　下線部⑧を以下のように感嘆文に書き換えたとき，（　）内に入る適語を１語答えなさい。
　　(　　　) foolish you are!

(9)　本文の内容から判断し，下線部⑨の（　）内から正しい方を選び答えなさい。

Ⅱ　次の不規則動詞変化表を完成させなさい。

原形	過去形	過去分詞形
(1)	wore	worn
throw	(2)	thrown
ride	rode	(3)
steal	(4)	stolen
(5)	took	taken

Ⅲ　次の各文の（　）内より適切なものを選び記号で答えなさい。

(1) Have you ever（ア reading イ read ウ reads）this book?

(2)（ア To be イ To being ウ Be）quiet is difficult for the children.

(3) Which do you like better, tea（ア and イ but ウ or）coffee?

(4) The boy（ア to write イ written ウ writing）a letter is Tom.

(5) They have（ア much イ many ウ few）snow in winter.

Ⅳ　次の各組の英文がほぼ同じ内容になるように，（　）内に適語を１語答えなさい。

(1) I always drive to work.
I always go to work by（　　）.

(2) Let's play soccer after school.
（　　）we play soccer after school?

(3) He visited me. Then I was studying.
（　　）he visited me, I was studying.

(4) Do you know his address?
Do you know（　　）he lives?

(5) She speaks English well.
She is a good（　　）of English.

Ⅴ　次の各組の上の文の［　］に指定された文になるように，下の文の（　）内に適語を１語答えなさい。

(1) Jim is the tallest of all the boys in his class.［ほぼ同じ内容の文に］
Jim is taller than any（　　）boy in his class.

(2) A：Would you pass me the salt?［AとBの対話が成り立つように］
B：OK.（　　）you are.

(3) Your brother studies French.［付加疑問文に］
Your brother studies French,（　　）he?

(4) 彼は駅にどうやって行けばいいか分からなかった。［英文に］
He didn't know（　　）to go to the station.

(5) My grandmother died three years ago. [現在完了形の文に]
My grandmother has (　　) dead for three years.

Ⅵ 次のC－Dの関係が，A－Bと同じ関係になるように，(　) 内に適語を１語答えなさい。

	A	B	C	D
(1)	first	Sunday	fifth	(　　)
(2)	tall	taller	many	(　　)
(3)	child	children	leaf	(　　)
(4)	go	come	question	(　　)
(5)	food	hungry	water	(　　)

Ⅶ 次の各文の (　) 内から適切な前置詞を選び記号で答えなさい。

(1) This novel was written (ア by イ of ウ with) Hemingway.
(2) That building (ア for イ to ウ near) the park is the city hall.
(3) The glass was filled (ア of イ with ウ to) milk.
(4) Thanks (ア of イ to ウ in) him, I know more about it than before.
(5) She was absent (ア from イ by ウ in) school yesterday.

Ⅷ 次の対話が成り立つように，(　) 内に適する文を右のア～オから選び記号で答えなさい。

(1) A：How often do you play tennis?
B：(　　)
(2) A：How long have you been in Japan?
B：(　　)
(3) A：How far is it from here to your house?
B：(　　)
(4) A：How old are you?
B：(　　)
(5) A：How tall is your brother?
B：(　　)

ア 170 centimeters.
イ For two weeks.
ウ Once a month.
エ 16 years old.
オ About 1 km.

Ⅸ 次の各組の下線部の発音が同じであれば○，そうでなければ×で答えなさい。

(1) says / stops
(2) chair / which
(3) hope / over
(4) music / busy
(5) listened / cooked

3　絶（　　）絶命　　4　支離（　　）裂

5　順風満（　　）

（語群）ア　足　イ　夢　ウ　対　エ　生　オ　笑
　　　　カ　霧　キ　滅　ク　分　ケ　体　コ　帆

【五】それぞれの（　）に共通する左の語群のひらがなを漢字になおし、熟語を三つ完成させなさい。

1　潤（　　）・円（　　）・（　　）空

2　（　　）髪・解（　　）・拡（　　）

3　（　　）勢・（　　）厳・権（　　）

4　（　　）明・講（　　）・（　　）放

5　切（　　）・（　　）力・堅（　　）

（語群）じ　・　はく　・　かつ　・　しゃく　・　はつ
　　　　い　・　さん　・　じつ　・　りょく　・　たく

【国語】（四〇分）〈満点：一〇〇点〉

【一】次の語の漢字の読みをひらがなで書きなさい。

1 木立　2 不精　3 本望　4 執刀
5 極上　6 完膚　7 恋文　8 門出
9 支度　10 丁重　11 吉凶　12 答申
13 施錠　14 虚空　15 安穏　16 街道
17 軒端　18 押収　19 譲渡　20 一斤
21 双葉　22 控除　23 漏電　24 縫合
25 試す　26 詠む　27 初める　28 裁く
29 遭う　30 秀でる　31 寂れる　32 奉る
33 授かる　34 危ぶむ　35 勝る　36 群がる
37 逃れる　38 集う　39 商う　40 背く

【二】次の――線部のカタカナを漢字になおして書きなさい。

1 人員のテンコをとる。　2 ルイジ品に注意する。
3 お手紙をハイケンしました。　4 ガリュウで技を磨く。
5 シャソウからの風景。　6 世界記録をホジしている。
7 説明にナットクする。　8 ゼンイの寄付を願う。
9 気持ちがコウヨウする。　10 ショウゲキ的なデビュー。
11 リンジ列車が走る。　12 会社のギョウセキが向上する。
13 シカクに訴えるデザイン。　14 日常サハンの出来事。
15 アシアトが残る。　16 他社とテイケイを結ぶ。
17 ビコウ欄に書き込む。　18 コウケイ者を育てる。
19 詩のロウドクをする。　20 熱心さにダツボウする。
21 タイキュウレースに参加する。　22 サッシにまとめる。
23 ショメイが十万人に達する。　24 わずかなゴサが生じる。
25 カンシュウの注目を浴びる。　26 温泉のコウノウ書きを読む。
27 キゲキ俳優を目指す。　28 スミやかに移動する。
29 オカシラ付きの鯛を食べる。　30 目がコえる。
31 長年住んだ家を立ちノく。　32 アタタかい季節になった。
33 受験勉強にハゲむ。　34 川のミナモトを探る。
35 朝日がノボる。　36 タワラを倉に運ぶ。
37 細かいことはハブく。　38 かかとがスり切れる。
39 キャプテンとして部をヒキいる。　40 髪を一つにタバねる。

【三】次の各問のア、イの――線をつけたカタカナは同音・同訓異義語です。正しい漢字になおして書きなさい。

1 ア 勇気のあるコウイ。
　イ コウイ室を使う。
2 ア 波がアラい。
　イ 目がアラい網。
3 ア 絵画をカンショウする。
　イ カンショウ的な気分。
4 ア 新聞に記事がノる。
　イ バスにノる。
5 ア カゲも形もない。
　イ カゲながら応援する。

【四】次の（　）に合う適切な漢字を次のページの語群から選び、四字熟語を完成しなさい。答えは記号で書きなさい。

1 五里（　　）中　2 破顔一（　　）

【作　文】（三〇分）

【課題】中学校生活で身についたこと

①原稿用紙のわくの中には課題・氏名を記入しないこと。

②本文は句読点を含めて三百字以内にまとめること。

③漢字はかい書で読みやすく書くこと。

④必ずこの提出用の用紙に清書して提出すること。

《提出用》

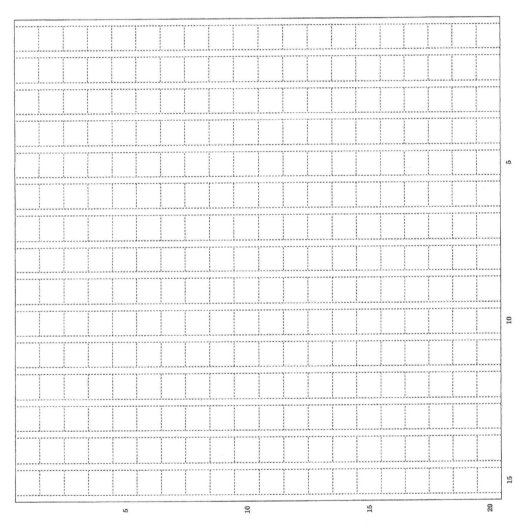

MEMO

大切なことはメモしておこうネ！

●2023年度　推薦 問題　解答●

《配点は解答欄に掲載してあります。》

＜数学解答＞

1　2　　2　3　　3　$2\sqrt{2}$　　4　$9x^2-24x+16$　　5　$3(x-2)(x+5)$　　6　$x=-2,\ y=1$

7　$x=\dfrac{-5\pm\sqrt{73}}{6}$　　8　$\dfrac{2}{15}$　　9　7cm　　10　$3\sqrt{5}$ cm

○推定配点○

各2点×10　　計20点

＜英語解答＞

(1)　ア　(2)　イ　(3)　ア　(4)　ウ　(5)　ア　(6)　イ　(7)　ウ　(8)　イ

(9)　ア　(10)　ウ　(11)　difficult　(12)　to　(13)　made　(14)　called

(15)　Don't

○推定配点○

各2点×15　　計30点

＜国語解答＞

一　①　かび　②　えんかつ　③　こうがい　④　ひっけい　⑤　こくめい

⑥　かくご　⑦　がいねん　⑧　だいたん　⑨　ごらく　⑩　ざんじ

⑪　とつじょ　⑫　とうき　⑬　あんのん　⑭　うる(む)　⑮　こ(る)

⑯　よ(む)　⑰　たく(み)　⑱　いこ(い)　⑲　しず(める)　⑳　ひか(える)

二　①　佳作　②　滝　③　清掃　④　勇敢　⑤　覆(う)　⑥　福祉　⑦　審査

⑧　揚(げる)　⑨　潜(る)　⑩　綱

三　①　エ　②　カ　③　イ

四　A　①　エ　A　②　ウ　B　①　イ　B　②　エ

五　①　軸　②　浪　③　慢

○推定配点○

各1点×40　　計40点

2023年度

解　答　と　解　説

《2023年度の配点は解答欄に掲載してあります。》

＜数学解答＞

【1】 (1) -54　(2) 29　(3) -648　(4) 2　(5) $-2a$　(6) $4\sqrt{5}$
(7) $16-4x^2$　(8) $(x+4)(x+2)$　(9) $x=0,\ 7$　(10) $x=\frac{5}{3},\ y=1$

【2】 (1) 14.14　(2) $y=2x$　(3) $x=\frac{14}{5}[2.8]$　(4) $(\pi-2)\text{cm}^2$
(5) $\angle x=20$度　(6) $x=6$

【3】 (1) ① $\frac{1}{9}$　② $\frac{5}{12}$　③ $\frac{1}{12}$　(2) ① 3　② 140cm以上150cm未満
③ 155cm

【4】 (1) 円すい　(2) $24\pi\text{cm}^2$　(3) $12\pi\text{cm}^3$　(4) 12cm^2

【5】 (1) 8　(2) -2　(3) $(-2,\ 10)$　(4) $y=x+6$

○推定配点○
【1】 各3点×10　【2】 各4点×6　【3】 各3点×6　【4】 各3点×4
【5】 各4点×4　計100点

＜数学解説＞

基本 【1】 (正負の数，単項式の除法，平方根，式の展開，因数分解，2次方程式，連立方程式)

(1) $42-12\times8=42-96=-54$

(2) $\left(\frac{3}{4}+\frac{5}{3}\right)\times12=\frac{3}{4}\times12+\frac{5}{3}\times12=9+20=29$

(3) $2^3\times(-3^4)=8\times(-81)=-648$

(4) $-10\times\frac{3}{5}-2.4\div(-0.3)=-6+8=2$

(5) $6a^2b\div(-a)\div3b=-\frac{6a^2b}{a\times3b}=-2a$

(6) $\sqrt{20}+\frac{10}{\sqrt{5}}=\sqrt{4\times5}+\frac{10\times\sqrt{5}}{\sqrt{5}\times\sqrt{5}}=2\sqrt{5}+2\sqrt{5}=4\sqrt{5}$

(7) $(4-2x)(4+2x)=4^2-(2x)^2=16-4x^2$

(8) $x^2+2(3x+4)=x^2+6x+8=(x+4)(x+2)$

(9) $x^2=7x$　$x(x-7)=0$　$x=0,\ 7$

(10) $3x+8y=13\cdots$①，$3x=5y\cdots$②　②を①に代入して，$5y+8y=13$　$13y=13$　$y=1$
これを②に代入して，$3x=5$　$x=\frac{5}{3}$

基本 【2】 (平方根，比例，比例式，平面図形，角度)

(1) $\sqrt{200}=10\sqrt{2}=10\times1.414=14.14$

(2) $y=ax$に$x=2$，$y=4$を代入して，$4=2a$　$a=2$　よって，$y=2x$

(3) $2:x=2.5:3.5$　$2.5x=7$　$x=7\div\frac{5}{2}=\frac{14}{5}$

重要 (4) おうぎ形の半径を$x$cmとすると，$x=2\times\sqrt{2}=2\sqrt{2}$　よって，$\pi\times(2\sqrt{2})^2\times\frac{45}{360}-\frac{1}{2}\times2^2$

$=\pi-2(\mathrm{cm}^2)$

(5)　直線ℓと直線BCとの交点をDとすると，平行線の錯角は等しいから，$\angle \mathrm{ADC}=40°$　$\triangle \mathrm{ABC}$は正三角形だから，$\angle \mathrm{ACB}=60°$　三角形の内角と外角の関係より，$\angle x=60°-40°=20°$

(6)　$\triangle \mathrm{ABC}$と$\triangle \mathrm{ADE}$において，$\angle \mathrm{ABC}=\angle \mathrm{ADE}$　対頂角だから，$\angle \mathrm{BAC}=\angle \mathrm{DAE}$　2組の角がそれぞれ等しいので，$\triangle \mathrm{ABC}\backsim\triangle \mathrm{ADE}$　AB：AD＝AC：AE　$4:x=2:(7-4)$　$2x=12$　$x=6$

基本 **【3】**（確率，資料の整理）

(1)　さいころの目の出方の総数は，$6\times6=36$(通り)

①　$ab=12$を満たすa，bの値の組は，$(a,\ b)=(2,\ 6)$，$(3,\ 4)$，$(4,\ 3)$，$(6,\ 2)$の4通りだから，求める確率は，$\frac{4}{36}=\frac{1}{9}$

②　$a<b$を満たすa，bの値の組は，$(a,\ b)=(1,\ 2)$，$(1,\ 3)$，$(1,\ 4)$，$(1,\ 5)$，$(1,\ 6)$，$(2,\ 3)$，$(2,\ 4)$，$(2,\ 5)$，$(2,\ 6)$，$(3,\ 4)$，$(3,\ 5)$，$(3,\ 6)$，$(4,\ 5)$，$(4,\ 6)$，$(5,\ 6)$の15通りだから，求める確率は，$\frac{15}{36}=\frac{5}{12}$

③　$\frac{a}{b}=2$を満たすa，bの値の組は，$(a,\ b)=(2,\ 1)$，$(4,\ 2)$，$(6,\ 3)$の3通りだから，求める確率は，$\frac{3}{36}=\frac{1}{12}$

(2)　①　$x=35-(6+12+13+1)=3$

②　35人中の真ん中は18番目だから，140cm以上150cm未満の階級に入る。

③　最頻値は，最も度数の大きい階級の階級値で，$\frac{150+160}{2}=155(\mathrm{cm})$

【4】（空間図形の計量）

基本　(1)　この立体は円すいである。

重要　(2)　底面積は，$\pi\times3^2=9\pi$　側面積は，$\pi\times5^2\times\frac{2\pi\times3}{2\pi\times5}=15\pi$　よって，表面積は，$9\pi+15\pi=24\pi(\mathrm{cm}^2)$

重要　(3)　円すいの高さは，$\sqrt{5^2-3^2}=4$　よって，体積は，$\frac{1}{3}\pi\times3^2\times4=12\pi(\mathrm{cm}^3)$

基本　(4)　切り口は二等辺三角形で，その面積は，$\frac{1}{2}\times(3\times2)\times4=12(\mathrm{cm}^2)$

【5】（図形と関数・グラフの融合問題）

基本　(1)　$y=\frac{1}{2}x^2$に$x=-4$を代入して，$y=\frac{1}{2}\times(-4)^2=8$

重要　(2)　AB//OCより，直線ABの傾きは直線OCの傾きに等しい。よって，$\frac{8-0}{-4-0}=-2$

重要　(3)　$y=\frac{1}{2}x^2$に$x=2$を代入して，$y=\frac{1}{2}\times2^2=2$　よって，A(2，2)　AB//OC，AB＝OCだから，点Bのx座標は$2-4=-2$，y座標は$2+8=10$　よって，B(−2，10)

重要　(4)　点Dは線分ABの中点となるから，y座標は$\frac{2+10}{2}=6$　求める直線は線分OCの中点を通るから，その傾きは直線OAの傾きに等しく，$\frac{2-0}{2-0}=1$　よって，$y=x+6$

★ワンポイントアドバイス★

ここ数年，出題構成や難易度に大きな変化はない。あらゆる分野の基礎を固めておこう。過去の出題例もよく研究して慣れておこう。

＜英語解答＞

Ⅰ (1) caught (2) which (3) be (4) shout (5) for
(6) a too b to (7) ア (8) How (9) quickly
Ⅱ (1) wear (2) threw (3) ridden (4) stole (5) take
Ⅲ (1) イ (2) ア (3) ウ (4) ウ (5) ア
Ⅳ (1) car (2) Shall (3) When (4) where (5) speaker
Ⅴ (1) other (2) Here (3) doesn't (4) how (5) been
Ⅵ (1) Thursday (2) more (3) leaves (4) answer (5) thirsty
Ⅶ (1) ア (2) ウ (3) イ (4) イ (5) ア
Ⅷ (1) ウ (2) イ (3) オ (4) エ (5) ア
Ⅸ (1) × (2) ○ (3) ○ (4) × (5) ×

○推定配点○
各2点×50 計100点

＜英語解説＞

Ⅰ （長文読解・物語文：語句補充，書き換え，語句解釈，語句整序，内容吟味）

（大意） 何年も前，1匹の虎は彼にとって頑丈過ぎるおりに①捕まえられた。出ようとしたが，できなかった。それから1人の老いた男が立ち寄った。虎は叫んだ。「おりの扉を開けてくれ」「私は扉を開けられないよ。もし私がそうしたら，③お前は私を食べるだろう」「いや，食べない」と虎は④叫んだ。「お願いだから開けてくれ。とても感謝するよ」男は少し考えて，おりの扉を開けた。扉が開くと，虎は檻から跳び出た。「お前は馬鹿だな」と虎は言った。「私は⑤長い間，檻の中にいて，とてもお腹が減っている。お前を食べるぞ」⑥男はとても驚いた。それで彼は話すことができなかった。ちょうどその時，1匹の犬が来た。⑦その老人はすべてのことをその犬に話した。「では，あなたがおりの中にいて，虎が来たのですか」と犬は尋ねた。「違う。⑧お前はたいそう馬鹿だな。私がおりの中にいたんだよ」と虎は怒った声で叫んだ。「虎さん，どうやってそのおりに入ったのですか」虎は叫んだ。「方法は1つだよ」「虎さん，おりに入る唯一の方法とは何ですか」虎はおりに跳び入った。「これだよ」「ああ，はい，やっとわかりました」とその犬は言って，扉を⑨素早く閉めた。こうして立派な老人は救われた。

(1) 直前に be 動詞 was があり「～される」の意味になるので<be 動詞＋動詞の過去分詞形>の受動態にするのが適切。catch の過去分詞形は caught である。

(2) ～ a tiger was caught in a cage と it was too strong for him をつなげた文。it ＝ a cage で「もの」なので関係代名詞 which を使うのが適切。

(3) 能動態から受動態<be 動詞＋動詞の過去分詞形>「～される」への書き換え。助動詞 will は後ろには動詞の原形が来るから，be 動詞は原形の be を使う。

(4) cry は「叫ぶ」の意味。ほぼ同じ意味なのは shout(第2段落第1文)で，shouted は shout の過去形である。

(5) for a long time「長い間」

(6) very を用いた文＋<can't[couldn't]＋動詞の原形>の文から<too ～ to ＋動詞の原形>「～すぎて…できない」への書き換え。

(7) The old man told the dog everything(.)tell は<主語＋動詞＋人＋物>という文型

を作り，<(主語)が(人)に(物)を言う>の意味になる。ここでは「人」にあたる部分が登場人物である「犬」になっている。

(8)　how を用いた感嘆文の基本的な形は<How ＋形容詞[副詞]A＋主語B＋動詞 !>で「Bはなんて Aなのだろう」の意味。

(9)　「犬」はわざと物わかりの良くないふりをして「どうやってそのおりに入ったのですか」(第4段落第7文)と虎に尋ね，その方法を示すために虎が実際におりの中に入るように仕向けたのである。これは，虎に食べられそうになっている「老人」を救うための犬の言動であるから，虎を再びおりの中に閉じ込めるために「素早く」扉を閉めた，と考えるのが適切。

基本 Ⅱ　(語彙)

(1)　wear ― wore ― worn

(2)　throw ― threw ― thrown

(3)　ride ― rode ― ridden

(4)　steal ― stole ― stolen

(5)　take ― took ― taken

Ⅲ　(語句補充：現在完了，不定詞，比較，分詞，語い)

(1)　ever「今までに」は現在完了の経験用法で動詞の過去分詞形の直前に置いて用いる。現在完了は<have[has]＋動詞の過去分詞形>の形。read「読む」の過去分詞形は read である。

(2)　<to ＋動詞の原形>の形をとる不定詞の名詞的用法は「～すること」という意味で主語として用いることができる。be 動詞の原形は be である。

(3)　which を使った比較の文で2者を比べて「どちらが(より)好きですか」と言うときは，比較級を用いて<Which(～)do you like better, A or B ?>とする。

やや難 (4)　the boy を分詞以下が修飾している文。the boy は「(手紙)を書いている」ので，現在分詞 writing を使うのが適切。

(5)　many「たくさんの」と few「ほとんどない」は数えられる名詞に，much「たくさんの」は数えられない名詞につく。snow「雪」は数えられない名詞。

Ⅳ　(書き換え：語い，助動詞，接続詞，受動態，間接疑問文)

(1)　「～へ車で行く」の意味の drive to ～から go to ～ by car への書き換え。

(2)　「～しましょう」の意味の Let's ～. から Shall we ～ ? への書き換え。

(3)　～. Then …「～。そのとき…」から<When ＋主語A＋動詞B, 主語C＋動詞D>「～のとき…」への書き換え。

(4)　「彼の住所」，つまり「彼はどこに住んでいるのか」である。

(5)　「上手に～する」の意味の～ well から<be 動詞＋ a(very)good ～er>「上手に―する人だ」への書き換え。

Ⅴ　(語句補充：比較，語彙，付加疑問文，不定詞，現在完了)

(1)　最上級の文「1番～だ」から<比較級＋ than any other ＋名詞の単数形>「他のどの…よりも～だ」への書き換え。

(2)　Here you are.「はい，どうぞ」

重要 (3)　確認や同意を求める付加疑問の文。主語を代名詞に換え，もとの文を疑問文にした形のうち，最初の<助動詞[be 動詞]＋主語>の部分を使う。主語は代名詞にし，それの肯定・否定を逆にする。ここでは一般動詞の現在の肯定文 your brother studies だから，疑問形 does he を否定にし doesn't he とする。

(4)　<how to ＋動詞の原形>で「どうやって～したらよいか」という意味。

(5) 現在完了は＜have[has]＋動詞の過去分詞形＞の形。「私の祖母は3年前に死んだ」という過去の文から，「(主語)は…年間～している」の意味の現在完了の継続用法＜主語＋ has been ～ for … years＞の形への書き換え。been は be 動詞の過去分詞形。

Ⅵ (語彙)

(1) 週の first「1番目の」曜日は Sunday「日曜日」で，週の fifth「5番目の」曜日は Thursday「木曜日」である。

(2) tall「背の高い」の比較級は taller で，many「たくさんの」の比較級は more である。

(3) child「子ども」の複数形は children で，leaf「葉」の複数形は leaves である。

(4) go「行く」の対義語は come「来る」で，question「質問」の対義語は answer「答え」である。

(5) food「食べ物」が無い状態は hungry「空腹の」で，water「水」が無い状態は thirsty「のどの渇いた」である。

Ⅶ (語句補充：前置詞)

(1) ＜be 動詞＋動詞の過去分詞形＞の形の受動態では「～に(よって)」を表すのに by ～を用いる。

(2) near ～「～の近くの」

(3) be filled with ～「～でいっぱいだ」

(4) thanks to ～「～のおかげで」

(5) be absent from ～「～を欠席する」

Ⅷ (会話文：語句補充)

(1) A：あなたはどのくらいテニスをしますか。／B：ウ月に1回です。

(2) A：あなたはどのくらい日本にいますか。／B：イ2週間です。

(3) A：ここからあなたの家までどのくらい遠いですか。／B：オ約1kmです。

(4) A：あなたは何歳ですか。／B：エ16歳です。

(5) A：あなたの兄弟はどのくらいの背の高さですか。／B：ア170cmです。

Ⅸ (発音)

(1) 左は[z]，右は[s]と発音する。

(2) どちらも[tʃ]と発音する。

(3) どちらも[ou]と発音する。

(4) 左は[ju:]，右は[i]と発音する。

(5) 左は[d]，右は[t]と発音する。

★ワンポイントアドバイス★

数や単位を表わす単語，動詞の過去形・過去分詞形などは確実に書けるようにしよう。それぞれをまとめて覚えておこう。

<国語解答>

【一】 1 こだち　2 ぶしょう　3 ほんもう　4 しっとう　5 ごくじょう
6 かんぷ　7 こいぶみ　8 かどで　9 したく　10 ていちょう
11 きっきょう　12 とうしん　13 せじょう　14 こくう　15 あんのん
16 かいどう　17 のきば　18 おうしゅう　19 じょうと　20 いっきん
21 ふたば　22 こうじょ　23 ろうでん　24 ほうごう　25 ため(す)
26 よ(む)　27 そ(める)　28 さば(く)　29 あ(う)　30 ひい(でる)
31 さび(れる)　32 たてまつ(る)　33 さず(かる)　34 あや(ぶむ)
35 まさ(る)　36 むら(がる)　37 のが(れる)　38 つど(う)
39 あきな(う)　40 そむ(く)

【二】 1 点呼　2 類似　3 拝見　4 我流　5 車窓　6 保持　7 納得
8 善意　9 高揚　10 衝撃　11 臨時　12 業績　13 視覚
14 茶飯　15 足跡　16 提携　17 備考　18 後継　19 朗読
20 脱帽　21 耐久　22 冊子　23 署名　24 誤差　25 観衆
26 効能　27 喜劇　28 速(やか)　29 尾頭　30 肥(える)
31 退(く)　32 暖(かい)　33 励(む)　34 源　35 昇(る)　36 俵
37 省(く)　38 擦(り)　39 率(いる)　40 束(ねる)

【三】 1 ア 行為　イ 更衣　2 ア 荒(い)　イ 粗(い)　3 ア 鑑賞
イ 感傷　4 ア 載(る)　イ 乗(る)　5 ア 影　イ 陰

【四】 1 カ　2 オ　3 ケ　4 キ　5 コ

【五】 1 滑　2 散　3 威　4 釈　5 実

○推定配点○
各1点×100　計100点

<国語解説>

【一】 (漢字の読み)

1 「木」の訓読みは「き」「こ」。「こ」と読む熟語はほかに「木陰」「木霊」など。音読みは「ボク」「モク」。　2 「不精」は，めんどうくさがること，なまけること。「無精」とも書く。「不」を「ブ」と読む熟語はほかに「不気味」「不作法」など。　3 「望」の音読みはほかに「ボウ」。熟語は「望遠鏡」「希望」など。訓読みは「のぞ(む)」。「望月(もちづき)」戸いう読み方もある。　4 「執」の音読みはほかに「シュウ」。熟語は「執着」「執念」など。訓読みは「と(る)」。　5 「極」を使った熟語はほかに「極秘」「極楽」など。音読みはほかに「キョク」。訓読みは「きわ(まる)」「きわ(み)」「きわ(める)」。　6 「膚」を使った熟語はほかに「皮膚」など。訓読みは「はだ」。
7 「恋」の訓読みはほかに「こい(しい)」「こ(う)」。音読み派「レン」。熟語は「恋愛」「失恋」など。　8 「門」を使った熟語はほかに「門口」「門松」など。音読み派「モン」。　9 「支度」は「仕度」とも書く。「度」の音読みはほかに「ド」「ト」。訓読みは「たび」。　10 「丁」の音読みはほかに「チョウ」。熟語は「丁度」「乱丁」など。訓読みは「ひのと」。　11 「吉凶」は，縁起や運などのよいことと悪いこと，という意味。「吉」の音読みは「キチ」「キツ」。熟語は「吉日」「吉兆」など。　12 「答申」は，役所や上役からの質問応えること。「答」を使った熟語はほかに「答案」「返答」など。訓読みは「こた(え)」「こた(える)」。　13 「施」の音読みはほかに「シ」。熟語は

「施策」「施設」など。訓読みは「ほどこ(す)」。　14 「虚」の音読みはほかに「キョ」。熟語は「虚偽」「虚構」など。訓読みは「むな(しい)」。　15 「穏」を使った熟語はほかに「穏便」「平穏」など。訓読みは「おだ(やか)」。　16 「街」の音読みはほかに「ガイ」。熟語は「街灯」「街路樹」など。訓読みは「まち」。　17 「軒」は，「軒下」「軒並み」などと使われる。音読みは「ケン」。
18 「押」を使った熟語はほかに「押印」「押捺」など。訓読みは「お(さえる)」「お(す)」。
19 「譲」を使った熟語はほかに「譲歩」「分譲」など。訓読みは「ゆず(る)」。　20 「斤」は重さの単位で，一斤は約600g。熟語はほかに「斤量」。　21 「双」の音読みは「ソウ」。熟語は「双眼鏡」「双璧」など。　22 「控」を使った熟語はほかに「控訴」など。訓読みは「ひか(える)」。
23 「漏」を使った熟語はほかに「漏水」「遺漏」など。訓読みは「も(らす)」「も(る)」「も(れる)」。
24 「縫」を使った熟語はほかに「裁縫」「天衣無縫」など。訓読みは「ぬ(う)」。　25 「試」の訓読みはほかに「こころ(みる)」。音読みは「シ」。熟語は「試験」「試行錯誤」など。　26 「詠む」は，詩や歌を作る，という意味。音読みは「エイ」。熟語は「詠嘆」「吟詠」など。　27 「初」の訓読みは「はじ(め)」「はじ(めて)」「はつ」「うい」「そ(める)」「うぶ」。音読みは「ショ」。熟語は「初夏」「初心」など。　28 「裁」の訓読みはほかに「た(つ)」。音読みは「サイ」。熟語は「裁断」「裁判」など。　29 「遭」の音読みは「ソウ」。熟語は「遭遇」「遭難」など。　30 「秀」の音読みは「シュウ」。熟語は「秀逸」「優秀」など。　31 「寂」の訓読みはほかに「さび」「さび(しい)」。音読みは「ジャク」「セキ」。熟語は「閑寂」「静寂」など。　32 「奉」の音読みは「ホウ」「ブ」。熟語は「奉仕」「奉納」など。　33 「授」の訓読みは「さず(かる)」「さず(ける)」。音読みは「ジュ」。熟語は「授業」「授与」など。　34 「危」の訓読みは「あぶ(ない)」「あや(うい)」「あや(ぶむ)」。音読みは「キ」。熟語は「危機一髪」「危急」など。　35 「勝」の訓読みはほかに「か(つ)」。音読みは「ショウ」。熟語は「勝負」「勝利」など。　36 「群」の訓読みは「むら」「む(れ)」「む(れる)」。音読みは「グン」。熟語は「群雄割拠」「大群」など。　37 「逃」の訓読みは「に(がす)」「に(げる)」「のが(す)」「のが(れる)」。音読みは「トウ」。熟語は「逃避」「逃亡」など。　38 「集」の訓読みは「あつ(まる)」「あつ(める)」「つど(う)」。音読みは「シュウ」。熟語は「集合」「集中」など。
39 「商」の音読みは「ショウ」。熟語は「商業」「商店」など。　40 「背」の訓読みは「せ」「せい」「そむ(く)」「そむ(ける)」。音読みは「ハイ」。熟語は「背後」「背信」など。

【二】 (漢字の書き取り)

1 「点」を使った熟語はほかに「点火」「点検」など。訓読みは「つ(ける)」。　2 「似」を使った熟語はほかに「酷似」「相似」など。訓読みは「に(る)」。　3 「拝」を使った熟語はほかに「拝観」「拝借」など。訓読みは「おが(む)」。　4 「我」を使った熟語はほかに「我田引水」「我慢」など。訓読みは「われ」「わ」。　5 「窓」を使った熟語はほかに「学窓」「同窓」など。訓読みは「まど」。
6 「保」を使った熟語はほかに「保温」「保管」など。訓読みは「たも(つ)」。　7 「納」の音読みは「ノウ」「ナッ」「ナ」「ナン」「トウ」。訓読みは「おさ(める)」「おさ(まる)」。　8 「善」を使った熟語はほかに「善後策」「善人」など。訓読みは「よ(い)」。　9 「揚」を使った熟語はほかに「掲揚」「抑揚」など。訓読みは「あ(がる)」「あ(げる)」。　10 「衝」を使った熟語はほかに「衝動」「衝突」など。　11 「臨」を使った熟語はほかに「臨機応変」「臨場感」など。訓読みは「のぞ(む)」。
12 「績」を使った熟語はほかに「実績」「成績」など。字形の似た「積」と区別する。　13 「視」を使った熟語はほかに「視界」「視力」など。訓読みは「み(る)」。　14 「茶飯事」は，お茶を飲んだり食事をしたりするような，ごく普通のこと。「茶」の音読みはほかに「茶」。熟語は「茶室」「紅茶」など。　15 「跡」の音読みは「セキ」。熟語は「形跡」「追跡」など。　16 「提」を使った熟語はほかに「提案」「提出」など。訓読みは「さ(げる)」。　17 「備」を使った熟語はほかに「備蓄」「備品」など。訓読みは「そな(える)」「そな(わる)」。　18 「継」を使った熟語はほかに

「継承」「継続」など。訓読みは「つ(ぐ)」。　19 「朗」を使った熟語はほかに「朗報」「明朗」など。訓読みは「ほが(らか」)。　20 「脱」を使った熟語はほかに「脱落」「脱力」など。訓読みは「ぬ(ぐ)」「ぬ(げる)」。　21 「耐」を使った熟語はほかに「耐熱」「忍耐」など。訓読みは「た(える)」。　22 「冊」を使った熟語はほかに「分冊」など。「短冊(たんざく)」という読み方もある。　23 「署」を使った熟語はほかに「署長」「部署」など。　24 「誤」を使った熟語はほかに「誤解」「過誤」など。訓読みは「あやま(る)」。　25 「観」を使った熟語はほかに「観測」「観音」など。訓読みは「み(る)」。　26 「効」を使った熟語はほかに「効果」「効率」など。訓読みは「き(く)」。　27 「喜」を使った熟語はほかに「喜怒哀楽」「歓喜」など。訓読みは「よろこ(ぶ)」。　28 「速」の訓読みはほかに「はや(い)」「はや(める)」。音読み派「ソク」。熟語は「速達」「迅速」など。　29 「尾頭付き」は，尾と頭のついたままの魚。　30 「肥」の訓読みは「こえ」「こ(える)」「こ(やし)」「こ(やす)」。音読み派「ヒ」。熟語は「肥大」「肥料」など。　31 「退」の訓読みはほかに「しりぞ(く)」「しりぞ(ける)」。音読みは「タイ」。熟語は「退去」「退散」など。　32 「暖」の訓読みは「あたた(か)」「あたた(かい)」「あたた(まる)」「あたた(める)」。音読みは「ダン」。熟語は「暖房」「暖炉」など。　33 「励」の訓読みは「はげ(ます)」「はげ(む)」。音読み派「レイ」。熟語は「奨励」「励行」など。　34 「源」の音読みは「レイ」。熟語は「源流」「電源」など。　35 「昇」の音読みは「ショウ」。熟語は「昇降口」「上昇」など。　36 「俵」の音読みは「ヒョウ」。熟語は「土俵」など。　37 「省」の訓読みはほかに「かえり(みる)」。音読みは「ショウ」「セイ」。熟語は「省略」「反省」など。　38 「擦」の訓読みは「す(る)」「す(れる)」。音読み派「サツ」。熟語は「擦過傷」「摩擦」など。　39 「率」の音読みは「リツ」「ソツ」。熟語は「確率」「引率」など。　40 「束」の訓読みは「たば」「つか」。音読みは「ソク」。熟語は「束縛」「結束」など。

重要 **【三】**（同音・同訓異義語）

1 アの「行為」は，目的のある行い，という意味。イの「更衣」は，衣服を着替えること。

2 アの「荒い」には，勢いが激しい，という意味がある。イの「粗い」には，編み物や織物などの目が大きい，大まかで大雑把，などの意味がある。　3 アの「鑑賞」は，主に芸術作品などを見たり聞いたりしてよさを味わうこと，イの「感傷」は，物事に心を動かされやすい様子。特に寂しくなったり悲しくなったりする気持ちのこと。　4 アの「載る」は，新聞・雑誌などに掲載されること。イの「乗る」は，乗り物に身を置くこと。　5 アの「影」には，光，という意味がある。イの「陰」は，物に遮られて光線のあたらない場所，物事の表面に表れないところ，という意味。

【四】（四字熟語）

1 「五里霧中(ごりむちゅう)」の構成は「五里霧」＋「中」。五里四方にたちこめる霧の中にいて前後左右が全く見えないという意から，手がかりがつかめず，方針・手段に迷うこと。　2 「破顔一笑(はがんいっしょう)」は，顔をほころばせて軽く笑うこと。　3 「絶体絶命(ぜったいぜつめい)」は，逃げることのできない苦境に立たされること。　4 「支離滅裂(しりめつれつ)」は，統一がなく，ばらばらであること。文章や議論などのまとまりがなく，わけがわからないこと。

5 「順風満帆(じゅんぷうまんぱん)」は，船の帆が追い風を受けて，いっぱいに張っているという意味から，物事がきわめて快調に進んでいる様子のこと。

やや難 **【五】**（熟語作成）

1 「潤滑(じゅんかつ)」「円滑(えんかつ)」「滑空(かっくう)」となる。　2 「散髪(さんぱつ)」「解散(かいさん)」「拡散(かくさん)」となる。　3 「威勢(いせい)」「威厳(いげん)」「権威(けんい)」となる。　4 「釈明(しゃくめい)」「講釈(こうしゃく)」「釈放(しゃくほう)」となる。　5 「切実(せつじつ)」「実力(じつりょく)」「堅実(けんじつ)」となる。

(作文について)

課題は,「中学校生活で身についたこと」について,三百字以内でまとめるというものなので,冒頭で「身についたことは～です」と明示した上で具体例を挙げて説明し,高校生としての新生活の抱負につなげてまとめる,という構成にするとよいだろう。300字でまとめる練習を重ね,過不足なく表現し切る力をつけておこう!

★ワンポイントアドバイス★

漢字の読み書きは難しいものも含まれるので,語彙力を高めることを意識して取り組もう!　毎年出題されている課題作文は,過去年度の出題テーマで練習し,添削指導を受けよう!

2022年度

入試問題

2022年度

2022年度

愛国高等学校入試問題

【作　文】

【課題】　私が好きなことば（大切にしていることば）

①原稿用紙のわくの中には課題・氏名を記入しないこと。

②本文（課題・氏名を除く）は句読点を含めて四百字以内にまとめること。

③漢字はかい書で正しく書くこと。

④必ずこの提出用の用紙に清書して提出すること。

《提出用》

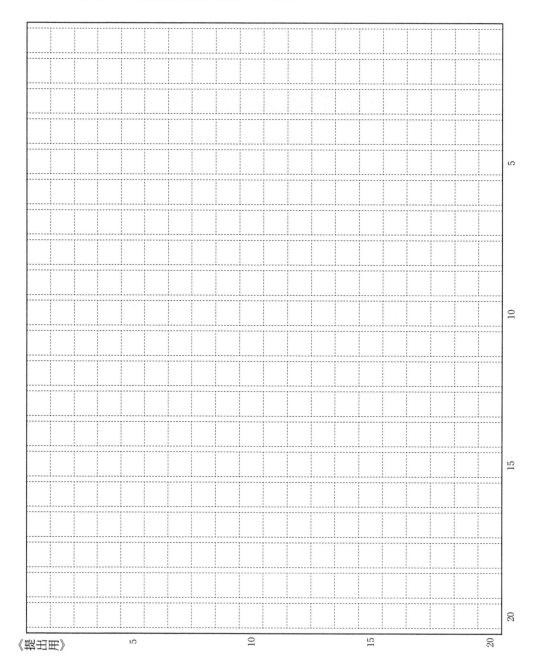

【作　文】

【課題】　中学校生活で最も印象に残っていること

①原稿用紙のわくの中には課題・氏名を記入しないこと。

②本文（課題・氏名を除く）は句読点を含めて四百字以内にまとめること。

③漢字はかい書で正しく書くこと。

④必ずこの提出用の用紙に清書して提出すること。

《提出用》

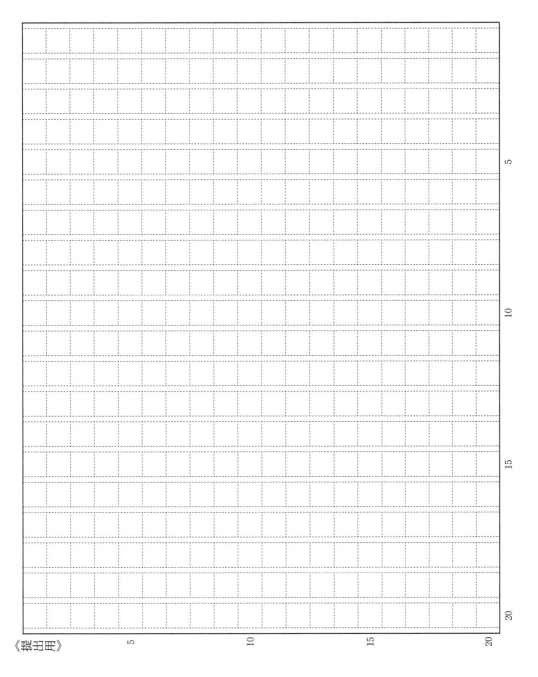

【数　学】（数学・英語・国語合わせて60分）

1．$(27-63)\times 2\div(-9)$　を計算しなさい。

2．$\dfrac{3}{5}\div\left(-\dfrac{9}{20}\right)\times\dfrac{21}{4}$　を計算しなさい。

3．$2\sqrt{12}-\sqrt{75}+\sqrt{27}$　を計算しなさい。

4．$(2x-3)(x+5)$　を展開しなさい。

5．x^2+x-42　を因数分解しなさい。

6．連立方程式 $\begin{cases}4x-y=6\\2y=3x-7\end{cases}$ を解きなさい。

7．2次方程式　$2x^2-3x-1=0$　を解きなさい。

8．大小2つのさいころを投げるとき，出た目の数の和が10以上となる確率を求めなさい。

9．下の図で，直線ℓ，m，nが平行であるとき，xの値を求めなさい。

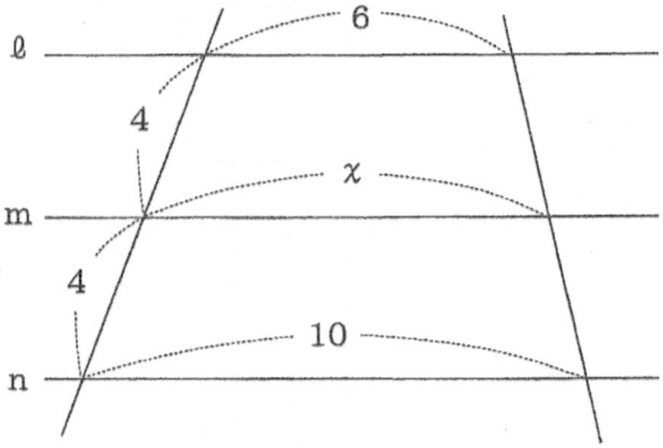

10．2点A(3，−1)，B(−1，2) の間の距離を求めなさい。

【英　語】（数学・英語・国語合わせて60分）

次の(1)～(5)のそれぞれの対話の(　　)内に入る適当なものを，以下のア～ウから1つずつ選び，記号で答えなさい。

(1) A：How about another cup of coffee?
　　B：(　　　　).
　　　ア. Just do your best　　イ. Thanks　　ウ. I'll show you
(2) A：How long does it take to walk to the station.
　　B：(　　　　).
　　　ア. About fifteen minutes　　イ. About two kilometers　　ウ. About ten years ago
(3) A：What's wrong with you?
　　B：(　　　　　　).
　　　ア. I hope so　　イ. That's sound great　　ウ. I have a headache
(4) A：What do you want for dinner?
　　B：(　　　　).
　　　ア. I'm coming　　イ. I'd like pasta　　ウ. It's delicious
(5) A：I read this book. It was very exciting.
　　B：I'm interested in it. (　　　　)?
　　A：Of course.
　　　ア. Can I borrow it　　イ. May I help you　　ウ. Do you like it

次の(6)～(10)の文の(　　)内から適切な語を選び，記号で答えなさい。

(6) Ken and Mika talked (ア. on　イ. in　ウ. for) the phone last night.
(7) It has (ア. gone　イ. been　ウ. being) cold since last week.
(8) Both Risa (ア. or　イ. but　ウ. and) Mary are members of the cooking club.
(9) It is important for us (ア. studying　イ. to study　ウ. studied) English.
(10) This is one of the TV programs (ア. which　イ. whose　ウ. who) I like.

次の(11)～(15)の各組の英文がほぼ同じ意味になるよう(　　)内に適語を入れなさい。

(11) We must catch the next train.
　　We (　　　　) to catch the next train.
(12) I played tennis last Sunday and we had a good time.
　　I enjoyed (　　　　) tennis last Sunday.
(13) She heard the news and got excited
　　The news (　　　　) her excited.
(14) Mr. Sato wrote this book five years ago.
　　This book was (　　　　) by Mr. Sato five years ago.
(15) She is not as young as I am.
　　She is (　　　　) than I am.

【国　語】（数学・英語・国語合わせて六〇分）

一、次の漢字の読みをひらがなで書きなさい。

①卓越　②養殖　③面影　④添付
⑤飽和　⑥堅持　⑦復活　⑧放棄
⑨概要　⑩慣性　⑪緩急　⑫漂泊
⑬隔てる　⑭巧妙　⑮携える　⑯敏速
⑰譲歩　⑱怠ける　⑲営繕　⑳伴う

二、次の文中の――部のカタカナを漢字に直して書きなさい。

①風邪のヨボウに努める。　②条件にガイトウする。
③恩師とシタう。　④物をソマツにしない。
⑤カクゴを決める。　⑥オダやかな春の景色。
⑦土地がリュウキする。　⑧記録をジュリツする。
⑨ノび縮みするひも。　⑩オウベイの詩を読む。

三、次の①～③の（　）に共通する漢字を入れて熟語を作りなさい。漢字は、下の語群の中から選び、記号で答えなさい。

①遠（　）・考（　）・配（　）
②（　）集・応（　）・（　）金
③（　）導・勧（　）・（　）惑

【語群】
ア、雄　イ、慮　ウ、誘　エ、旅　オ、暮　カ、募

四、次のAとBの――部のカタカナにあてはまる漢字をそれぞれ下の語群の中から選び、記号で答えなさい。

A
①学校まで全力でカける。
②注意力がカける。

【語群A】
ア、架　イ、駆　ウ、欠　エ、描　オ、掛

B
①きれいに花がサく。
②災いをサけて通る。

【語群B】
ア、裂　イ、作　ウ、避　エ、咲　オ、割

五、次の①～③はそれぞれ類義語です。（　）に入る適切な語を下の語群の中から選び、漢字に直して書きなさい。

①克明 ― 丹（　）
②基盤 ― 根（　）
③了解 ― 納（　）

【語群】
とく・せい・とん・てい・ひん

2022年度

愛国高等学校入試問題（一般）

【数　学】（50分）〈満点：100点〉

【1】 次の各問に答えなさい。

（1） $24-14\times6$ を計算しなさい。

（2） $\left(\frac{3}{5}-\frac{1}{2}\right)\times20$ を計算しなさい。

（3） $(-3\times2^2)^2$ を計算しなさい。

（4） $\frac{1}{4}\times3-2\div(-1.6)$ を計算しなさい。

（5） $6b\times2a^2\div(-3ab)$ を計算しなさい。

（6） $\frac{12}{\sqrt{6}}-\sqrt{24}$ を計算しなさい。

（7） $(x-3y)(3x+2y)$ を展開しなさい。

（8） $x(x+1)-20$ を因数分解しなさい。

（9） 2次方程式 $x^2-2x-24=0$ を解きなさい。

（10） 連立方程式 $\begin{cases}7x-2y+9=0\\3x+4y-1=0\end{cases}$ を解きなさい。

【2】 次の各問に答えなさい。

（1） $a=2$ のとき，
$(a+1)(a-1)-a(a-2)$ の値を求めなさい。

（2） 2 gのおもりa個と5 gのおもりb個で合わせて40 gになりました。aをbの式で表しなさい。

（3） 1つの内角が150°である正多角形の辺の数を求めなさい。

（4） 下の図形は，縦6 cm，横20 cmの長方形2つを垂直に重ね，上下左右に半円をつけたものです。この図形の面積を求めなさい。ただし，円周率は π とします。

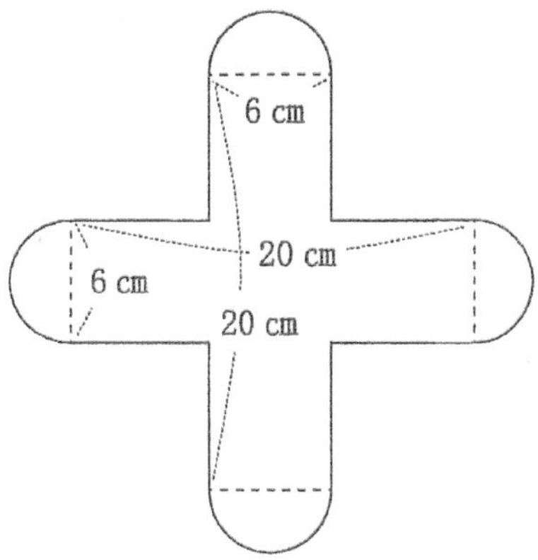

（5） 下の図で，$\angle x$の大きさを求めなさい。

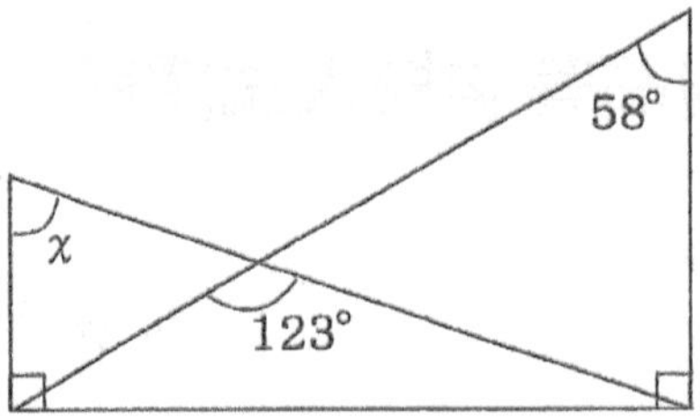

（6） 下の図で，∠ADE＝∠ACBのとき，xの値を求めなさい。

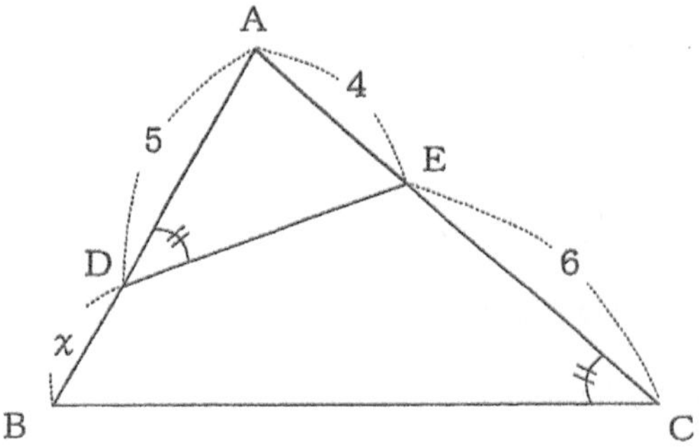

【3】 次の各問に答えなさい。

（1） 下の図のような正方形ABCDがあります。最初，点Pは頂点Aにあり，さいころを投げて出た目の数だけ正方形の頂点を矢印の方向に順に，移動します。次の各問に答えなさい。

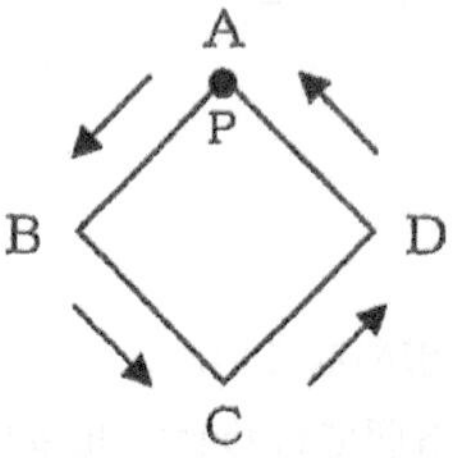

① さいころを1回投げたとき，点Pが頂点Dにある確率を求めなさい。

② さいころを1回投げたとき，点Pが頂点Bにある確率を求めなさい。

③ さいころを2回投げたとき，点Pが頂点Aにある確率を求めなさい。

（2） 下の図は，あるクラスの先月の読書時間の合計を調べてヒストグラムに表したものです。図の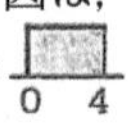は，階級が0時間以上4時間未満の度数を表しています。次の各問に答えなさい。

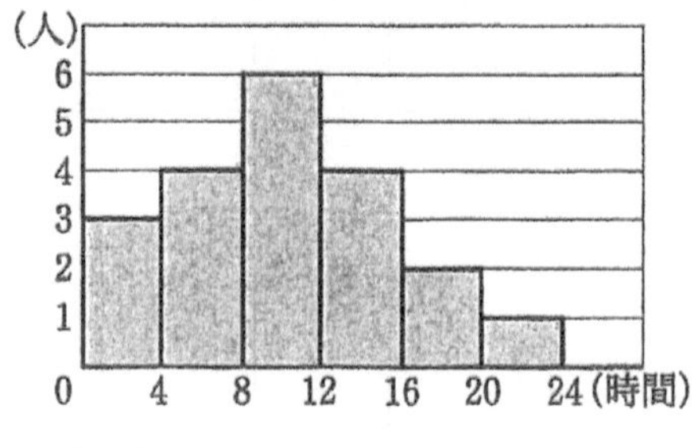

① 調べたクラスの人数を求めなさい。

② 12時間以上16時間未満の階級の相対度数を求めなさい。

③ 最頻値を求めなさい。

【4】 下の図のような底面が1辺4 cmの正三角形で高さが5 cmの三角柱があります。次の各問に答えなさい。

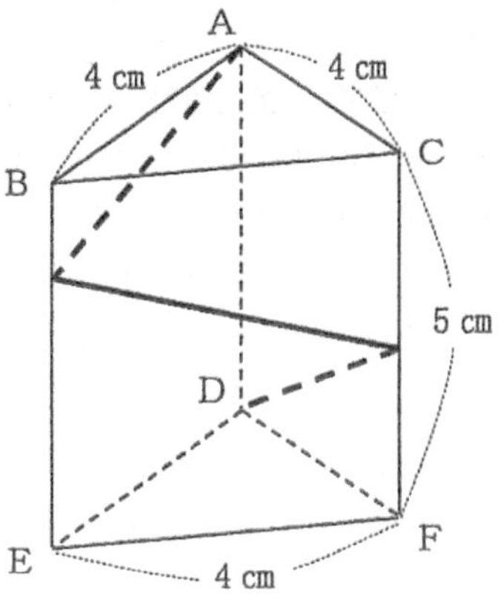

（1） 三角柱の底面積を求めなさい。

（2） 三角柱の側面積を求めなさい。

（3） 三角柱の表面積を求めなさい。

（4） 図のように点Aから点Dまで糸の長さが最小となるように側面を1周させます。このときの糸の長さを求めなさい。

【5】 下の図のように，放物線①は関数$y=\frac{1}{2}x^2$のグラフで，直線②は$y=5$のグラフです。

2点A，Bは①と②の交点で，点Bのx座標は正の数です。このとき，次の各問に答えなさい。

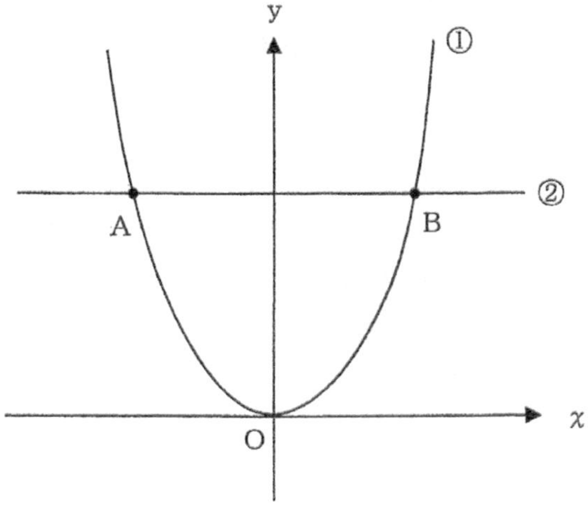

（1） 点Aの座標を求めなさい。

（2） 関数$y=\frac{1}{2}x^2$について，xの値が2から4まで増加するときの変化の割合を求めなさい。

（3） 関数$y=\frac{1}{2}x^2$について，xの変域を$-2 \leqq x \leqq 1$とするときのyの変域を求めなさい。

（4） △AOBの面積を求めなさい。

【英　語】（50分）〈満点：100点〉

I　次の英文を読み，下の設問に答えなさい。

Dear Mr. and Mrs. Hara,

I am very happy to know that I will stay with you next month. I heard this good news from my teacher this morning, so I am writing this letter to you.

My name is Elizabeth Brown. ①My family and (me / friends / Beth / my / call). I am fifteen years old, and I live in Melbourne. I live with my father, mother, brother and sister. My brother is twenty years old and my sister is seventeen. So I am the ②(　　) in my family.

I enjoy my school life. I walk ③(　　) school with Amy. She is one ④(　　) my best friends. Our school starts at 8:45 and is over at 3:05. We have six lessons every day. I study ten subjects at school and my favorite subjects are music and Japanese. Many students study Japanese at my school, and I study ⑤it hard every day. So I am happy to have a chance to visit Japan. I have learned a lot about your country at school, and I would like to know more about Japanese ⑥(　　).

It is ⑦(　　) in Melbourne now, and it is very cold in the morning. It often rains here in winter, and it is hot and dry in summer. Does it rain much in your country in September? I hope it will not rain so much during my stay in Japan.

Could you write to me soon? I would like to know about your family before I visit Japan. Good-by.

Yours,

Beth

〔注〕 Melbourne　メルボルン(オーストラリアの都市の名前)

【設問】

(1)　下線部①が「私の家族や友達は私のことをベスと呼びます。」という意味になるように(　　)内を並べ替え，(　　)内で3番目にくる語を答えなさい。

(2)　下線部②の(　　)内に入る語を下から選び，さらに正しい形にして答えなさい。

　young　　old　　tall　　bad

(3)　下線部③，④の(　　)内に入る語を次のア～オから選び記号で答えなさい。

　ア　with　　イ　to　　ウ　of　　エ　in　　オ　on

(4)　下線部⑤が表すものを次のア～エから選び記号で答えなさい。

　ア　Japanese　　イ　students　　ウ　music　　エ　school

(5)　下線部⑥の(　　)内に入る語を次のア～エから選び記号で答えなさい。

　ア　help　　イ　advice　　ウ　chance　　エ　culture

(6)　下線部⑦の(　　)内には四季の1つを表す語が入ります。本文中から適語を1語抜き出しなさい。

(7)　次の問答が本文の内容と合うように，(　　)内に入るAから始まる適語を1語答えなさい。

　“When was this letter written?”　　“In (A　　).”

(8)　次のア～オから本文の内容と合うものを2つ選び記号で答えなさい。

　ア　Beth is staying in Japan, and she is going back to her country in September.

　イ　Beth and Amy go to school by bus every day.

　ウ　Beth's school begins at 8:45 and ends at 3:05.

エ　All the students at Beth's school like music the best of all the subjects.

オ　Beth is studying Japanese at school, so she is happy to have a chance to visit Japan.

Ⅱ　次の不規則動詞変化表を完成させなさい。

原形	過去形	過去分詞形
(1)	kept	kept
become	(2)	become
see	saw	(3)
know	(4)	known
(5)	left	left

Ⅲ　次の各文の(　　)内より適切なものを選び記号で答えなさい。

(1)　My sister began (ア　learn　イ　to learn　ウ　learned) the piano last week.

(2)　He speaks not only English but (ア　and　イ　too　ウ　also) Spanish.

(3)　This doll is as (ア　pretty　イ　prettier　ウ　prettiest) as that one.

(4)　Look at this (ア　sleep　イ　sleeping　ウ　slept) baby. She's very pretty.

(5)　Taro has not finished his work (ア　already　イ　now　ウ　yet).

Ⅳ　次の各組の英文がほぼ同じ内容になるように，(　　)内に適語を1語答えなさい。

(1)　I have no brothers.
　　I don't have (　　) brothers.

(2)　Let's go on a picnic, shall we?
　　How (　　) going on a picnic?

(3)　What an interesting book this is!
　　(　　) interesting this book is!

(4)　We have lived in this town for ten years.
　　We came to live in this town ten years (　　).

(5)　If you study harder, you'll succeed.
　　Study harder, (　　) you'll succeed.

Ⅴ　次の各組の上の文の[　　]に指定された文になるように，下の文の(　　)内に適語を1語答えなさい。

(1)　Jim started studying Japanese when he was 18.　[ほぼ同じ内容の文に]
　　Jim started studying Japanese at the (　　) of 18.

(2)　Do you know the girl? She is riding a bike.　[that以外の関係代名詞を使い1つの文に]
　　Do you know the girl (　　) is riding a bike?

(3)　He was absent last week and is still absent.　[現在完了形の文に]

He has (　　　) absent since last week.

(4) Jane was so busy that she could not eat lunch. ［ほぼ同じ内容の文に］
Jane was too busy (　　　) eat lunch.

(5) She took these pictures. ［受動態の文に］
These pictures were (　　　) by her.

Ⅵ　次のC—Dの関係が，A—Bと同じ関係になるように，(　　)内に適語を1語答えなさい。

	A	B	C	D
(1)	buy	sell	borrow	(　　　)
(2)	book	books	life	(　　　)
(3)	seen	scene	won	(　　　)
(4)	big	bigger	much	(　　　)
(5)	Japan	Japanese	France	(　　　)

Ⅶ　次の各文の(　　)内から適切な前置詞を選び記号で答えなさい。

(1) The plane left (ア with イ for ウ in) Paris.
(2) The Shinano River runs (ア through イ into ウ on) Niigata.
(3) He visited Osaka (ア for イ along ウ during) this summer vacation.
(4) I met Jiro (ア on イ to ウ over) my way home from school.
(5) We will stay at the hotel (ア on イ for ウ to) a few days.

Ⅷ　次の各文の(　　)内に適する疑問詞を右のア～オから選び記号で答えなさい。ただし，同じ記号は2度使わないものとする。

(1) She said she didn't know (　　　) to do next.
(2) Let me know (　　　) to go in summer.
(3) We wanted to know (　　　) to start.
(4) Please tell me (　　　) way to go to the station.
(5) I have to learn (　　　) to use a computer.

ア where
イ how
ウ when
エ which
オ what

Ⅸ　次の各組の下線部の発音が他と異なるものを1つ選び記号で答えなさい。

(1)	ア danger	イ take	ウ lady	エ bad
(2)	ア girl	イ park	ウ world	エ heard
(3)	ア took	イ cool	ウ roof	エ soon
(4)	ア with	イ mother	ウ through	エ though
(5)	ア enough	イ cousin	ウ couple	エ out

4
ア　ほうきで床をハく。
イ　白い息をハく。

5
ア　午後十時にはシュウシンする。
イ　細かな物事にシュウシンする。

【四】　次の（　）に合う適切な漢字を左の語群から選び、四字熟語を完成しなさい。答えは記号で書きなさい。

1　呉越同（　）　　2　清（　）潔白
3　（　）城落日　　4　厚顔無（　）
5　夏（　）冬扇

（語群）
ア　知　イ　炎　ウ　廉　エ　古　オ　恥
カ　炉　キ　孤　ク　盟　ケ　舟　コ　天

【五】　それぞれの（　）に共通する左の語群のひらがなを漢字になおし、熟語を三つ完成させなさい。

1　愛（　）・（　）号・名（　）
2　（　）非・（　）認・（　）正
3　前（　）・（　）上・（　）中
4　（　）越・食（　）・（　）球
5　書（　）・戸（　）・在（　）

（語群）
と・せき・たく・ちょう・かい
ぜ・こく・もつ・しょう・ご

【国語】（四〇分）〈満点：一〇〇点〉

【一】 次の語の漢字の読みをひらがなで書きなさい。

1 投網　2 海女　3 草履　4 寄席
5 足袋　6 老舗　7 名残　8 息吹
9 意気地　10 唐突　11 師走　12 栄誉
13 暫定　14 浅瀬　15 碑文　16 雇用
17 惜敗　18 拍子　19 風刺　20 柔和
21 阻止　22 陳列　23 痛恨　24 五月雨
25 促す　26 潜む　27 戒める　28 卸す
29 顧みる　30 凍える　31 訴える　32 憩い
33 狭まる　34 抑える　35 憂い　36 怠ける
37 崩れる　38 繕う　39 漂う　40 炊く

【二】 次の――線部のカタカナを漢字になおして書きなさい。

1 ツユの季節になる。　2 モミジ狩りにでかける。
3 正しいカナづかい。　4 カゼをひく。
5 シロウトとは思えない腕前。　6 うららかな春のヒヨリ。
7 ウバ車を押す。　8 スンカをおしんで勉強する。
9 ケモノに畑を荒らされる。　10 医学ハカセを目指す。
11 三年間カイキンで通す。　12 カンガイにふける。
13 アンミンを妨げる。　14 カンミ料は一切使わない。
15 ゲンソウ的な物語。　16 作品をテンジする。
17 質素ケンヤクに努める。　18 事件のケイイを説明する。
19 ショウサイに報告する。　20 キップを買う。
21 名画をモホウする。　22 シュウカクの秋をむかえる。
23 大地をカイコンする。　24 親のショウダクが必要となる。
25 おセイボを届ける。　26 投球にカンキュウをつける。
27 キンカイを奪う。　28 新茶をツむ。
29 夜空をアオぐ。　30 将来は家業をツぐつもりだ。
31 迷惑をコウムる。　32 ハゲましの声をかける。
33 横ナグりの雨。　34 アワい色の洋服。
35 布地がサける。　36 敵をアザムく。
37 世界にホコる技術。　38 海外で映画をトる。
39 場内をオオう熱気。　40 駅までの道をタズねる。

【三】 次の各問のア、イの――線をつけたカタカナは同音・同訓異義語です。正しい漢字になおして書きなさい。

1 ｛ア 時間をロウ費しない。
　　イ ロウ電に注意する。

2 ｛ア なべで野菜をニる。
　　イ 子は親にニる。

3 ｛ア 部屋のカンキをする。
　　イ カンキの声が響く。

【作　文】（三〇分）

【課題】高校受験を通して成長したと思うこと

①原稿用紙のわくの中には課題・氏名を記入しないこと。

②本文は句読点を含めて三百字以内にまとめること。

③漢字はかい書で読みやすく書くこと。

④必ずこの提出用の用紙に清書して提出すること。

《提出用》

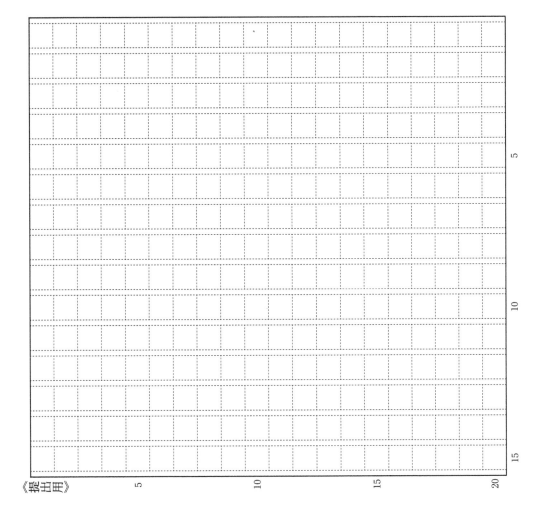

MEMO

大切なことはメモしておこうネ！

●2022年度　推薦 問題　解答●

《配点は解答欄に掲載してあります。》

＜数学解答＞

1　8　　2　-7　　3　$2\sqrt{3}$　　4　$2x^2+7x-15$　　5　$(x+7)(x-6)$　　6　$x=1,\ y=-2$

7　$x=\dfrac{3\pm\sqrt{17}}{4}$　　8　$\dfrac{1}{6}$　　9　$x=8$　　10　5

○推定配点○

各2点×10　　計20点

＜英語解答＞

(1)　イ　　(2)　ア　　(3)　ウ　　(4)　イ　　(5)　ア　　(6)　ア　　(7)　イ　　(8)　ウ

(9)　イ　　(10)　ア　　(11)　have　　(12)　playing　　(13)　made　　(14)　written

(15)　older

○推定配点○

各2点×15　　計30点

＜国語解答＞

一　①　たくえつ　　②　ようしょく　　③　おもかげ　　④　てんぷ　　⑤　ほうわ

⑥　けんじ　　⑦　ふっかつ　　⑧　ほうき　　⑨　がいよう　　⑩　かんせい

⑪　かんきゅう　　⑫　ひょうはく　　⑬　へだ(てる)　　⑭　こうみょう

⑮　たずさ(える)　　⑯　びんそく　　⑰　じょうほ　　⑱　なま(ける)

⑲　えいぜん　　⑳　ともな(う)

二　①　予防　　②　該当　　③　慕(う)　　④　粗末　　⑤　覚悟　　⑥　穏(やか)　　⑦　隆起

⑧　樹立　　⑨　伸(び)　　⑩　欧米

三　①　イ　　②　カ　　③　ウ

四　A　①　イ　　A　②　ウ　　B　①　エ　　B　②　ウ

五　①　精　　②　底　　③　得

○推定配点○

各1点×40　　計40点

2022年度

解 答 と 解 説

《2022年度の配点は解答欄に掲載してあります。》

＜数学解答＞

【1】 (1) -60 (2) 2 (3) 144 (4) 2 (5) $-4a$ (6) 0
(7) $3x^2-7xy-6y^2$ (8) $(x-4)(x+5)$ (9) $x=-4,\ 6$ (10) $x=-1,\ y=1$

【2】 (1) 3 (2) $a=\frac{40-5b}{2}$ (3) 12 (4) $(204+18\pi)\text{cm}^2$ (5) $\angle x=65$度
(6) $x=3$

【3】 (1) ① $\frac{1}{6}$ ② $\frac{1}{3}$ ③ $\frac{1}{4}$ (2) ① 20人 ② 0.2 ③ 10時間

【4】 (1) $4\sqrt{3}\,\text{cm}^2$ (2) 60cm^2 (3) $(60+8\sqrt{3})\text{cm}^2$ (4) 13cm

【5】 (1) $(-\sqrt{10},\ 5)$ (2) 3 (3) $0\leqq y\leqq 2$ (4) $5\sqrt{10}$

○推定配点○

【1】 各3点×10 【2】 各4点×6 【3】 各3点×6 【4】 各3点×4 【5】 各4点×4
計100点

＜数学解説＞

基本 【1】 (正負の数，単項式の乗除，平方根，式の展開，因数分解，2次方程式，連立方程式)

(1) $24-14\times6=24-84=-60$

(2) $\left(\frac{3}{5}-\frac{1}{2}\right)\times20=\frac{3}{5}\times20-\frac{1}{2}\times20=12-10=2$

(3) $(-3\times2^2)^2=(-12)^2=144$

(4) $\frac{1}{4}\times3-2\div(-1.6)=\frac{3}{4}-2\times\left(-\frac{10}{16}\right)=\frac{3}{4}+\frac{5}{4}=\frac{8}{4}=2$

(5) $6b\times2a^2\div(-3ab)=-\frac{6b\times2a^2}{3ab}=-4a$

(6) $\frac{12}{\sqrt{6}}-\sqrt{24}=\frac{12\sqrt{6}}{\sqrt{6}\times\sqrt{6}}-2\sqrt{6}=2\sqrt{6}-2\sqrt{6}=0$

(7) $(x-3y)(3x+2y)=x\times3x+x\times2y-3y\times3x-3y\times2y=3x^2-7xy-6y^2$

(8) $x(x+1)-20=x^2+x-20=(x-4)(x+5)$

(9) $x^2-2x-24=0$ $(x+4)(x-6)=0$ $x=-4,\ 6$

(10) $7x-2y+9=0\cdots$① $3x+4y-1=0\cdots$② ①×2＋②より，$17x+17=0$ $17x=-17$
$x=-1$ これを①に代入して，$-7-2y+9=0$ $-2y=-2$ $y=1$

【2】 (式の値，文字と式，平面図形，角度)

基本 (1) $(a+1)(a-1)-a(a-2)=a^2-1-a^2+2a=-1+2a=-1+2\times2=-1+4=3$

基本 (2) $2\times a+5\times b=40$ $2a=40-5b$ $a=\frac{40-5b}{2}$

重要 (3) n角形の内角の和は，$180°\times(n-2)$で求められる。1つの内角が150°だから，$180\times(n-2)=150\times n$ $180n-360=150n$ $30n=360$ $n=12$ よって，辺の数は12

基本 (4) $6\times20+6\times20-6\times6+\pi\times3^2\times\frac{1}{2}\times4=204+18\pi\,(\text{cm}^2)$

重要 (5) 次ページの図で，AB//DCだから，平行線の錯角は等しく，∠ABD＝∠CDE＝58° 三角形

の内角と外角の関係より，$\angle x=123^\circ-58^\circ=65^\circ$

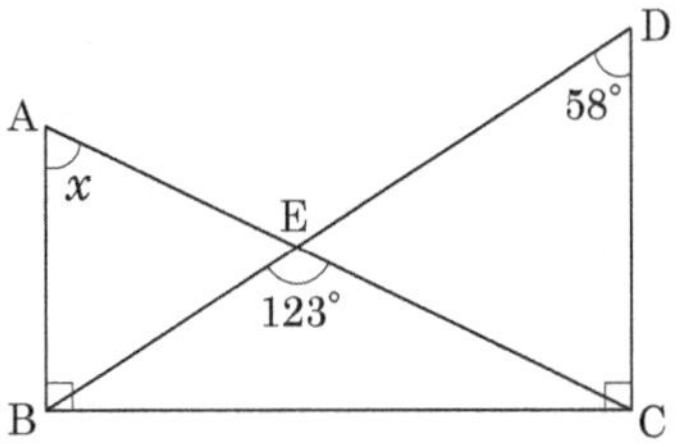

重要 (6) 2組の角がそれぞれ等しいので，$\triangle ABC \backsim \triangle AED$
$AB : AE = AC : AD$ $(x+5) : 4 = (4+6) : 5$ $5(x+5)=4\times10$ $x+5=8$ $x=3$

基本【3】(確率，資料の整理)

(1) ① 点Pが頂点Dにあるのは，3の目が出たときだから，求める確率は，$\frac{1}{6}$ ② 点Pが頂点Bにあるのは，1か5の目が出たときだから，求める確率は，

重要 $\frac{2}{6}=\frac{1}{3}$ ③ さいころの目の出方の総数は，$6\times6=36$(通り) 点Pが頂点Aにあるのは，出た目の数の和が，4，8，12のときで，(1回，2回)=(1，3)，(2，2)，(2，6)，(3，1)，(3，5)，(4，4)，(5，3)，(6，2)，(6，6)の9通りだから，求める確率は，$\frac{9}{36}=\frac{1}{4}$

(2) ① クラスの人数は，$3+4+6+4+2+1=20$(人) ② 相対度数は，$\frac{4}{20}=4\div20=0.2$

③ 最頻値は，最も度数の大きい階級の階級値で，$\frac{8+12}{2}=10$(時間)

【4】(空間図形の計量)

重要 (1) 1辺の長さがaの正三角形の高さは$\frac{\sqrt{3}}{2}a$で表せるから，底面積は，$\frac{1}{2}\times4\times\frac{\sqrt{3}}{2}\times4=4\sqrt{3}$ (cm^2)

基本 (2) 側面積は，$4\times5\times3=60$(cm^2)

基本 (3) 表面積は，$60+4\sqrt{3}\times2=60+8\sqrt{3}$ (cm^2)

重要 (4) 求める糸の長さは，縦5cm，横12cmの長方形の対角線の長さに等しいので，$\sqrt{5^2+12^2}=\sqrt{169}=13$(cm)

基本【5】(図形と関数・グラフの融合問題)

(1) $y=\frac{1}{2}x^2$に$y=5$を代入して，$5=\frac{1}{2}x^2$ $x^2=10$ $x=\pm\sqrt{10}$ よって，点Aの座標は，$(-\sqrt{10},\ 5)$

(2) 変化の割合$=\frac{(y\text{の増加量})}{(x\text{の増加量})}$だから，$\left(\frac{1}{2}\times4^2-\frac{1}{2}\times2^2\right)\div(4-2)=\frac{8-2}{2}=3$

(3) 変域に$x=0$を含むから，yの最小値は$x=0$のとき$y=0$ yの最大値は$x=-2$のとき$y=\frac{1}{2}\times(-2)^2=2$ よって，$0\leqq y\leqq2$

(4) $AB=\sqrt{10}-(-\sqrt{10})=2\sqrt{10}$より，$\triangle AOB=\frac{1}{2}\times2\sqrt{10}\times5=5\sqrt{10}$

★ワンポイントアドバイス★

ここ数年，出題構成や難易度に大きな変化はない。基礎を固めたら，過去の出題例をよく研究して慣れておこう。

＜英語解答＞

Ⅰ (1) call (2) youngest (3) ③ イ ④ ウ (4) ア (5) エ
(6) winter (7) August (8) ウ・オ
Ⅱ (1) keep (2) became (3) seen (4) knew (5) leave
Ⅲ (1) イ (2) ウ (3) ア (4) イ (5) ウ

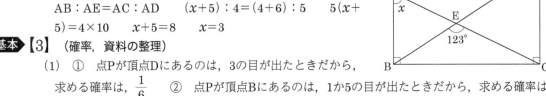

Ⅳ (1) any (2) about (3) How (4) ago (5) and
Ⅴ (1) age (2) who (3) been (4) to (5) taken
Ⅵ (1) lend (2) lives (3) one (4) more (5) French
Ⅶ (1) イ (2) ア (3) ウ (4) ア (5) イ
Ⅷ (1) オ (2) ア (3) ウ (4) エ (5) イ
Ⅸ (1) エ (2) イ (3) ア (4) ウ (5) エ
○推定配点○
各2点×50 計100点

<英語解説>

Ⅰ (長文読解・手紙文：語句整序，語句補充，指示語，内容吟味)

(大意) ハラ様ご夫妻 来月あなた方の家に滞在すると聞いて，とてもうれしいです。私の名前はエリザベス・ブラウンです。①私の家族や友達は私のことをベスと呼びます。私は15歳で，メルボルンに住んでいます。私は父と母，兄と姉と一緒に住んでいます。兄は20歳で姉は17歳です。だから私は家族の中で②最も若いです。私はエイミーと一緒に学校③まで歩いて行きます。彼女は私の親友④の1人です。学校は8時45分に始まり，3時5分に終わります。私のお気に入りの教科は音楽と日本語です。私たちの学校ではたくさんの生徒たちが日本語を勉強して，私は⑤それを毎日一生懸命に勉強します。だから，日本を訪れる機会があって私はうれしいです。私は学校であなた方の国についてたくさん学び，日本の⑥文化についてもっと知りたいです。メルボルンでは今，⑦冬で，朝にはとても寒いです。ここでは冬によく雨が降って，夏には暑くて乾燥します。あなた方の国では9月にたくさん雨が降りますか。 敬具，ベス

(1) <call +A+B>「AをBと呼ぶ」

(2) 空欄②の段落第3文～第5文参照。父，母，20歳の兄，17歳の姉，15歳のベスという家族構成だから，ベスは最も若いのである。

(3) ③ walk to ～「～まで歩いて行く」 ④ 前置詞 of は<名詞A of 名詞B>で「BのA」と所属を表す。

(4) it は直前に出た不可算名詞を受ける。ここでは下線部⑤の直前部にある Japanese である。

(5) ア「救助」(×) イ「助言」(×) ウ「機会」(×) エ「文化」(○) 空欄⑥の直前の2文参照。学校で日本語を学んでいる生徒が日本を訪れて知りたいことだから，「文化」であると考えられる。

(6) 空欄⑦の1文の後半部参照。「朝にはとても寒い」のだから，季節は冬だと考えられる。winter「冬」(空欄⑦の直後の1文)

(7) 「この手紙はいつ書かれたか」「8月に」 空欄⑦の段落第3文で「9月」の天気を気にしているから，ベスが日本を訪れるのは9月だと考えられる。その9月のことをベスは「来月」(第1段落第1文)と書いているから，手紙を書いているのは8月だと考えるのが適切。August「8月」

(8) ア「ベスは日本に滞在していて，9月に彼女の国に戻る予定だ」(×) 第1段落第1文参照。来月，日本へ来るのである。 イ「ベスとエイミーは毎日バスで学校へ行く」(×) 下線部③の1文参照。歩いて行くのである。 ウ「ベスの学校は8時45分に始まり，3時5分に終わる」(○) 空欄④の直後の1文参照。 エ「ベスの学校の全ての生徒が全ての教科の中で音楽が最も好きだ」(×) 空欄③の段落第6文参照。音楽はベスが好きな教科である。 オ「ベスは学校で日本語を勉強しているので，日本を訪れる機会があってうれしい」(○) 下線部⑥の直前の2文参照。

基本 Ⅱ （語彙）

(1) keep — kept — kept
(2) become — became — become
(3) see — saw — seen
(4) know — knew — known
(5) leave — left — left

Ⅲ （語句補充：不定詞，語彙，比較，分詞，現在完了）

(1) <begin to ＋動詞の原形>で「～し始める」という意味の不定詞の名詞的用法。began は begin の過去形。
(2) not only A but(also)B 「AだけでなくBもまた」
(3) as ～ as の形をとる比較の文では形容詞・副詞の原級を用いる。
やや難 (4) baby を修飾する分詞を使った文。baby は「眠っている」ので，現在分詞 sleeping を使うのが適切。
(5) <have[has]＋動詞の過去分詞形>の形をとる現在完了の完了の用法の疑問文・否定文では yet「まだ[もう]」を文尾に置いて用いる。

Ⅳ （書き換え：語彙，疑問詞，感嘆文，命令文）

(1) no ＝ not any で「1つ[1人]も～ない」の意味。
(2) Let's ～ .「～しよう」から<How about ＋動名詞～ ?>「～したらどうですか」への書き換え。
(3) what を使った感嘆文<What (a／an)＋形容詞＋名詞＋主語＋動詞 !>から how を用いた感嘆文<How ＋形容詞[副詞]A＋主語B＋動詞 !>への書き換え。
(4) 現在完了の継続用法を用いた「10年間この町に住んでいる」の意味の文から，過去の文「10年前にこの町に住むようになった」への書き換え。ago「～前に」
(5) if you ～「もし～すれば」の文から，<命令文, and ～>「～しなさい，そうすれば～」への書き換え。

Ⅴ （語句補充：語彙，関係代名詞，現在完了，不定詞，受動態）

(1) when A was ～(years old) 節から at the age of ～句への書き換え。
重要 (2) 関係代名詞を使った文。先行詞 the girl は人なので関係代名詞 who を使う。
(3) 現在完了の文は<have[has]＋動詞の過去分詞形>の形。been は be 動詞の過去分詞形。
(4) <so ～ that ＋主語＋ can't[couldn't]＋動詞の原形>の文から「～すぎて…できない」の意味の<too ～ to ＋動詞の原形>への書き換え。
(5) 能動態から「～される」の意味の受動態<be 動詞＋動詞の過去分詞形>への書き換え。take の過去形は took で，過去分詞形は taken である。

Ⅵ （語彙）

(1) buy「～を買う」の対義語は sell「～を売る」で，borrow「～を借りる」の対義語は lend「～を貸す」である。
(2) book「本」の複数形は books で，life「人生」の複数形は lives である。
(3) seen[síːn](see「～を見る」の過去分詞形)の同音異義語は scene「場面」で，won[wʌ́n](win「～に勝つ」の過去分詞形)の同音異義語は one「1」である。
(4) big「大きい」の比較級は bigger「より大きい」で，much「たくさんの」の比較級は more「より多い」である。

(5) Japan「日本」の言語を表す語は Japanese「日本語」で，France「フランス」の言語を表す語は French「フランス語」である。

Ⅶ (語句補充：前置詞)

(1) leave for ～で「～に向かって出発する」の意味。

(2) run through「～を流れ抜ける」

(3) 前置詞 during は特定期間について「～の間」を表す。

(4) on one's way「途中で」

(5) <for +期間>「～の間」

Ⅷ (語句補充：疑問詞)

(1) 「次に何をしたらよいか知らない，と彼女は言った」<what + to +動詞の原形>で「何を～する(べき)か」の意味。

(2) 「夏にどこへ行ったらよいか，私に知らせてください」<where + to +動詞の原形>で「どこで[どこへ]～する(べき)か」の意味。

(3) 「私たちはいつ始めたらよいか知りたかった」<when + to +動詞の原形>で「いつ～する(べき)か」の意味。

(4) 「駅へ行くためにどの道を行ったらよいか，私に教えてください」<which(+名詞)+ to +動詞の原形>「どちら(の…)を～する(べき)か」の意味。

(5) 「私はコンピューターの使い方を学ばなければならない」<how + to +動詞の原形>で「～の仕方」という意味。

Ⅸ (発音)

(1) エは[æ]，ア・イ・ウは[ei]と発音する。

(2) イは[ɑː]，ア・ウ・エは[əːr]と発音する。

(3) アは[u]，イ・ウ・エは[uː]と発音する。

(4) ウは[θ]，ア・イ・エは[ð]と発音する。

(5) エは[au]，ア・イ・ウは[ʌ]と発音する。

★ワンポイントアドバイス★

疑問詞の用法や，疑問詞を使った重要表現を確認しよう。実際に問題を解いて具体的な使い方に慣れておこう。

＜国語解答＞

【一】 1 とあみ　2 あま　3 ぞうり　4 よせ　5 たび　6 しにせ　7 なごり　8 いぶき　9 いくじ　10 とうとつ　11 しわす　12 えいよ　13 ざんてい　14 あさせ　15 ひぶん　16 こよう　17 せきはい　18 ひょうし　19 ふうし　20 にゅうわ　21 そし　22 ちんれつ　23 つうこん　24 さみだれ　25 うなが(す)　26 ひそ(む)　27 いまし(める)　28 おろ(す)　29 かえり(みる)　30 こご(える)　31 うった(える)　32 いこ(い)　33 せば(まる)　34 おさ(える)　35 うれ(い)　36 なま(ける)　37 くず(れる)　38 つくろ(う)　39 ただよ(う)　40 た(く)

【二】 1 梅雨　2 紅葉　3 仮名　4 風邪　5 素人　6 日和　7 乳母
8 寸暇　9 獣　10 博士　11 皆勤　12 感慨　13 安眠　14 甘味
15 幻想　16 展示　17 倹約　18 経緯　19 詳細　20 切符
21 模倣　22 収穫　23 開墾　24 承諾　25 歳暮　26 緩急
27 金塊　28 摘(む)　29 仰(ぐ)　30 継(ぐ)　31 被(る)
32 励(まし)　33 殴(り)　34 淡(い)　35 裂(ける)　36 欺(く)
37 誇(る)　38 撮(る)　39 覆(う)　40 尋(ねる)

【三】 1 ア 浪　イ 漏　2 ア 煮(る)　イ 似(る)　3 ア 換気　イ 歓喜
4 ア 掃く　イ 吐く　5 ア 就寝　イ 執心

【四】 1 ケ　2 ウ　3 キ　4 オ　5 カ

【五】 1 称　2 是　3 途　4 卓　5 籍

○推定配点○

各1点×100　計100点

＜国語解説＞

【一】 (漢字の読み)

1 「投網」は，水の中で開くように投げ入れて魚を捕まえる網。 2 「海女」は，海にもぐり，貝や海藻などを採ることを仕事にしている女の人のこと。 3 「履」を使った熟語はほかに「履行」「履歴」など。訓読みは「は(く)」。 4 「寄席」は，落語などの演芸を見せる所。「寄」の訓読みは「よ(せる)」「よ(る)」。音読みは「キ」。熟語は「寄宿」「寄贈」など。 5 「袋」の訓読みは「ふくろ」。音読みは「タイ」。 6 「老舗」は，先祖代々続き，信用を得て繁盛している店。「老舗(ろうほ)」ともいう。「舗」には，「店」という意味がある。「舗」のおんよみは「ホ」。熟語は「舗道」「店舗」など。 7 「名残」は，物事がすぎた後に残っている気分や様子のこと。

8 「息吹」は，息づかい，呼吸，という意味。 9 「意気地」は，人に負けまいとする強い気持ちのこと。 10 「唐」を使った熟語はほかに「唐詩」「唐土」など。訓読みは「から」。 11 「師走」は旧暦の十二月のことで，今も十二月をいう。 12 「栄」を使った熟語はほかに「光栄」「栄達」など。訓読みは「さか(える)」。 13 「暫」を使った熟語はほかに「暫時」など。訓読みは「しばら(く)」。 14 「浅瀬」は，海や川の水の浅いところ。「浅」の訓読みは「あさ(い)」。音読みは「セン」。熟語は「浅薄」「浅学」など。 15 「碑」を使った熟語はほかに「墓碑」「石碑」など。訓読みは「いしぶみ」。 16 「雇」を使った熟語はほかに「解雇」など。訓読みは「やと(う)」。 17 「惜」を使った熟語はほかに「惜別」「哀惜」など。訓読みは「お(しい)」「お(しむ)」。

18 「拍」の音読みはほかに「ハク」。熟語は「拍車」「拍手」など。 19 「刺」を使った熟語はほかに「刺激」「名刺」など。訓読みは「さ(す)」。 20 「柔」の音読みはほかに「ジュウ」。熟語は「柔軟」「懐柔」など。訓読みは「やわ(らか)」「やわ(らかい)」。 21 「阻」を使った熟語はほかに「阻害」。訓読みは「はば(む)」。 22 「陳」を使った熟語はほかに「陳情」「陳腐」など。

23 「恨」を使った熟語はほかに「遺恨」「悔恨」など。訓読みは「うら(む)」「うら(めしい)」。

24 「五月雨」は，旧暦の五月，今の六月ごろに降り続く長雨のこと。 25 「促」の音読みは「ソク」。熟語は「促進」「催促」など。 26 「潜」の訓読みは「ひそ(む)」「もぐ(る)」「くぐ(る)」。音読みは「セン」。熟語は「潜入」「潜水」など。 27 「戒」の音読みは「カイ」。熟語は「戒律」「戒厳令」など。 28 「卸」の訓読みは「おろし」「おろ(す)」。「卸売り」「卸値」などと使う。 29 「顧」の音読みは「コ」。熟語は「回顧」「顧問」など。 30 「凍」の訓読みはほかに「こお(る)」。音読みは「トウ」熟語は「凍結」「冷凍」など。 31 「訴」の音読みは「ソ」。熟語は「訴訟」「告訴」など。 32 「憩」の訓読みは「いこ(い)」「いこ(う)」。音読みは「ケイ」。熟語は「休憩」「小憩」など。 33 「狭」の訓読みは「せま(い)」「せば(まる)」。「せば(める)」。音読みは「キョウ」。熟語は「狭量」「偏狭」など。 34 「抑」の読みは「ヨク」。熟語は「抑圧」「抑止」など。 35 「憂」の訓読みは「う(い)」「うれ(い)」「うれ(える)」。音読みは「ユウ」。熟語は「憂慮」「一喜一憂」など。 36 「怠」の訓読みはほかに「おこた(る)」。音読みは「タイ」。熟語は「怠惰」「怠慢」など。 37 「崩」の音読みは「ホウ」。熟語は「崩壊」「崩落」など。 38 「繕」の音読みは「ゼン」。熟語は「営繕」「修繕」など。 39 「漂」の音読みは「ヒョウ」。熟語は「漂流」「漂着」など。

40 「炊」の音読みは「スイ」。熟語は「炊事」「炊飯器」など。

【二】 (漢字の書き取り)

1 「梅雨」は，六月から七月にかけて，降ったりやんだりして続く雨。「梅雨(ばいう)」ともいう。「梅」の訓読みは「うめ」。音読みは「バイ」。熟語は「入梅」など。 2 「紅葉」は「こうよう」とも読む。「紅」の訓読みは「べに」「くれない」。音読みは「コウ」。熟語は「紅茶」「紅白」など。 3 「仮」を使った熟語はほかに「仮想」「仮面」など。音読みはほかに「ケ」。熟語は「仮病」。訓読みは「かり」。 4 「風邪」は特別な読み方。「風」の訓読みは「かぜ」「かざ」。音読みは「フウ」「フ」。熟語は「風潮」「風呂」など。 5 「素人」は，まだ経験が少ない人，専門家ではなく楽しみとして物事をする人，という意味。「しろうと」は特別な読み方。「素」の訓読みは「もと」。音読みは「ソ」「ス」。熟語は「素行」「素顔」など。 6 「和」の音読みは「なごむ」「なごやか」「やわらぐ」「あえる」。音読みは「オ」「ワ」。熟語は「和尚」「平和」など。 7 「乳母」は特別な読み方。「乳」の訓読みは「ちち」「ち」。音読みは「ニュウ」。熟語は「乳歯」「乳児」など。 8 「寸」を使った熟語はほかに「寸劇」「寸評」など。 9 「獣」の音読みは「ジュウ」。熟語は「獣医」「猛獣」など。 10 「博」を使った熟語はほかに「博識」「博覧強記」など。 11 「皆」を使った熟語はほかに「皆目」「皆無」。訓読みは「みな」。 12 「慨」を使った熟語はほかに「憤慨」など。

13 「安」を使った熟語はほかに「安全」「安泰」など。 14 「甘」を使った熟語はほかに「甘露」「甘言」など。訓読みは「あま(い)」。 15 「幻」を使った熟語はほかに「幻惑」「幻覚」など。訓読みは「まぼろし」。 16 「展」を使った熟語はほかに「展覧会」「発展」など。 17 「倹約」は，お金などを無駄遣いしないこと。 18 「経」の音読みはほかに「キョウ」。熟語は「経典」「読経」など。訓読みは「へ(る)」「た(つ)」。 19 「詳」を使った熟語はほかに「詳述」「未詳」など。訓読みは「つまび(らか)」。 20 「符」を使った熟語はほかに「音符」「護符」など。 21 「模倣」は，真似をすること。「倣」の訓読みは「なら(う)」。 22 「収」を使った熟語はほかに「収入」「収束」など。訓読みは「おさ(める)」「おさ(まる)」。 23 「墾」を使った熟語はほかに「墾田」。 24 「諾」を使った熟語はほかに「快諾」「受諾」など。 25 「歳」の音読みはほかに「サイ」。熟語は「歳末」「歳時記」など。訓読みは「とし」。 26 「緩」を使った熟語はほかに「緩和」「緩衝」など。訓読みは「ゆる(い)」「ゆる(む)」「ゆる(める)」「ゆる(やか)」。 27 「塊」を使った熟語はほかに「土塊」「氷塊」など。訓読みは「かたまり」。 28 「摘」の音読みは「テキ」。熟語は「摘発」「指摘」など。 29 「仰」の訓読みはほかに「おお(せ)」。熟語は「ギョウ」。熟語は「仰角」「仰臥」など。 30 「継」の音読みは「ケイ」。熟語は「継続」「後継」など。 31 「被」の音読みは「ヒ」。熟語は「被害」『被災』など。 32 「励」の訓読みは「はげ(む)」「はげ(ます)」。音読みは「レイ」。熟語は「励行」「奨励」など。 33 「殴」の音読みは「オウ」。熟語は「殴打」。

34 「淡」の音読みは「タン」。熟語は「淡水」「濃淡」など。 35 「裂」の訓読みは「さ(く)」「さ(ける)」。音読みは「レツ」。熟語は「裂傷」「破裂」など。 36 「欺」の音読みは「ギ」。熟語は「欺瞞」「詐欺」など。 37 「誇」の音読みは「コ」。熟語は「誇大」「誇張」など。 38 「撮」

の音読みは「サツ」。熟語は「撮影」「特撮」など。　39 「覆」の訓読みは「おお(う)」「くつがえ(す)」「くつがえ(る)」。音読みは「フク」。熟語は「覆面」「転覆」など。　40 「尋」の音読みは「ジン」。熟語は「尋常」「尋問」など。

重要 **【三】 (同音・同訓異字語)**

1 「浪費」は，お金や時間などを無駄につかうこと。「浪」の訓読みは「なみ」。「漏電」は，電線や電気器具から電気がもれて，ほかに流れること。「漏」の訓読みは「も(らす)」「も(る)」「も(れる)」。　2 「煮」の訓読みは「に(える)」「に(やす)」「に(る)」。音読みは「シャ」。熟語は「煮沸」など。「似」の音読みは「ジ」。熟語は「類似」「相似」など。　3 「換気」は，空気を入れ換えること。「換」の訓読みは「か(える)」「か(わる)」。「歓」も「喜」も訓読みは「よろこ(ぶ)」。　4 「掃」の音読み「ソウ」。熟語は「掃除」「清掃」など。「吐」の音読みは「ト」。熟語は「吐息」「吐露」など。　5 「就寝」は，眠りにつくこと。「就」の音読みは「つ(く)」「つ(ける)」。「成就(じょうじゅ)」という読み方もある。「執心」は，ある物事に強く心を引かれること。音読みはほかに「シツ」。熟語は「執筆」「確執」など。訓読みは「と(る)」。

重要 **【四】 (四字熟語)**

1 「呉越同舟(ごえつどうしゅう)」は，仲の悪い者同士が同じ場所や境遇にいること。『孫子』を出典とする故事成語。　2 「清廉潔白(せいれんけっぱく)」は，行いや心が清く正しく，私欲や偽りがないこと。　3 「孤城落日(こじょうらくじつ)」は，落ちぶれて昔の勢いを失い，助けもなく心細い様子。　4 「厚顔無恥(こうがんむち)」は，厚かましくて恥知らずなこと。　5 「夏炉冬扇(かろとうせん)」は，時期はずれで役に立たないもののたとえ。「夏炉」は夏の火鉢，「冬扇」は冬のうちわのことで，どちらも役に立たないことを意味する。

やや難 **【五】 (熟語作成)**

1 「愛称」「称号」「名称」となるので「称」。　2 「是非」「是認」「是正」となるので「是」。　3 「前途」「途上」「途中」となるので「途」。　4 「卓越」「食卓」「卓球」となるので「卓」。　5 「書籍」「戸籍」「在籍」となるので「籍」。

(作文について)

テーマは「高校受験を通して成長したと思うこと」なので，高校受験に臨む現在の心境を客観的に述べることが必要である。どのような意気込みで受験勉強に取り組んだか，何を学習したか，といった具体的な内容を必ず入れて，自身の精神的な成長と結び付けて結論を述べる，という構成にするとよい。指定字数は300字なので，冒頭で，成長したと思うことを端的に示し，続いて，具体的な学習内容などを述べ，最後に，高校生活への抱負を述べて前向きな姿勢を示すとよいだろう。

★ワンポイントアドバイス★

漢字の読み書きは，特別な読み方をする熟字訓も含め万全な対策を講じておこう！
熟語の作成問題は毎年出題されているので，語彙力を高めておこう！

MEMO

大切なことはメモしておこうネ！

2021年度

★★★★★★★★★★★★★★★★★★★★★★★★

入　試　問　題

2021年度

愛国高等学校入試問題

【作　文】（五〇分）

【課題】私の宝物《たからもの》（大切にしているもの）

①原稿用紙のわくの中には課題・氏名を記入しないこと。

②本文（課題・氏名を除く）は句読点を含めて四百字以内にまとめること。

③漢字はかい書で正しく書くこと。

④必ずこの提出用の用紙に清書して提出すること。

《提出用》

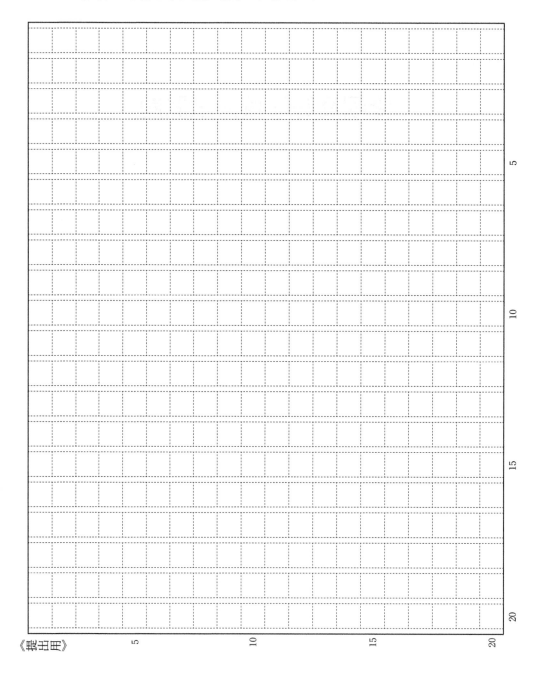

【作　文】（五〇分）

【課題】　私が努力していること

①原稿用紙のわくの中には課題・氏名を記入しないこと。

②本文（課題・氏名を除く）は句読点を含めて四百字以内にまとめること。

③漢字はかい書で正しく書くこと。

④必ずこの提出用の用紙に清書して提出すること。

《提出用》

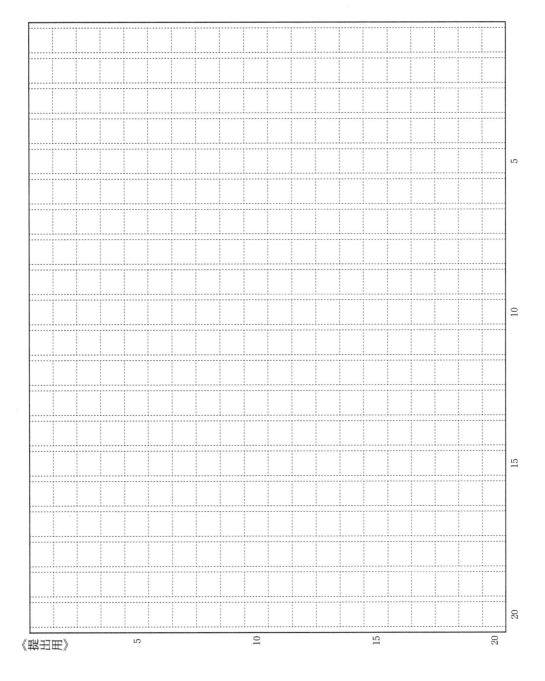

【数　学】（数学・英語・国語合わせて60分）

1．$(18-51)\div(-11)\times2$　を計算しなさい。

2．$\frac{14}{3}\div\frac{7}{6}\times\left(-\frac{9}{4}\right)$　を計算しなさい。

3．$\sqrt{18}-\sqrt{50}+3\sqrt{8}$　を計算しなさい。

4．$(2x-3y)(2x+3y)$　を展開しなさい。

5．$3x^2-3x-18$　を因数分解しなさい。

6．連立方程式 $\begin{cases}2x+3y=-4\\5x+2y=1\end{cases}$ を解きなさい。

7．2次方程式　$2x^2+4x+1=0$　を解きなさい。

8．1，2，3，4の数字を書いたカードが1枚ずつあります。このカードから1枚ずつ続けて2回ひき，ひいた順に並べて2けたの整数をつくるとき，3の倍数は全部で何個できますか。

9．下の図で，$\angle x$の大きさを求めなさい。

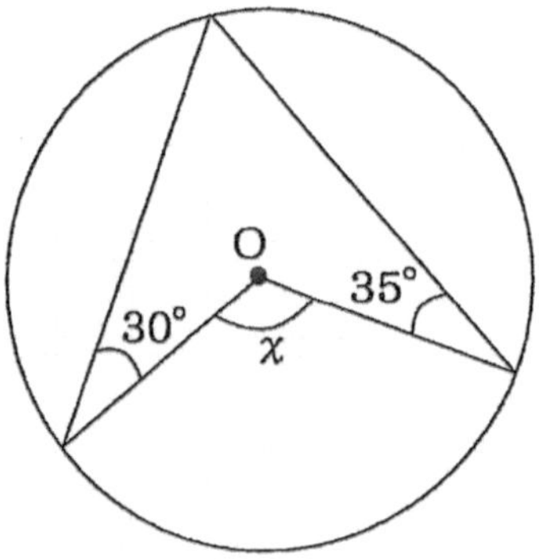

10．相似な2つの円柱P，Qがあり，その相似比は2：3です。Pの体積が24π cm^{3}のとき，Qの体積を求めなさい。

【英　語】（数学・英語・国語合わせて60分）

次の（1）～（5）のそれぞれの対話の（　　）内に入る適当なものを，以下のア～ウから1つずつ選び，記号で答えなさい。

（1）A：What grade are you in now?
　B：(　　　　).
　　ア．I'm twelve years old　　イ．I'm in the tenth grade　　ウ．I live in Tokyo now

（2）A：We will have hamburger steak tonight.
　B：(　　　　).
　　ア．That's my favorite　　イ．It was delicious　　ウ．It's mine

（3）A：Can I borrow your pen?
　B：(　　　　).
　　ア．I don't know　　イ．You're welcome　　ウ．Of course

（4）A：How often do you practice tennis?
　B：(　　　　).
　　ア．Three times a week　　イ．About five years ago　　ウ．Since I was a child

（5）A：Do I have to arrive at 7:00?
　B：(　　　　).
　　ア．Yes, hold on please　　イ．No, you don't have to　　ウ．I'm just looking

次の（6）～（10）の文の（　　）内から適切な語を選び，記号で答えなさい。

（6）Whose is this（ア．broken　イ．breaking　ウ．break）desk?

（7）My sister is good at（ア．speaks　イ．speaking　ウ．spoke）Spanish.

（8）Keiko will come to the party,（ア．didn't　イ．wasn't　ウ．won't）she?

（9）Which do you like（ア．well　イ．good　ウ．better）, winter or summer?

（10）I decided（ア．to go　イ．going　ウ．to going）to the baseball game soon.

次の（11）～（15）の各組の英文がほぼ同じ意味になるよう（　　）内に適語を入れなさい。

（11）My father bought me a nice hat.
　My father bought a nice hat (　　　　) me.

（12）I caught a bad cold last Sunday, and I still have it.
　I (　　　　) caught a bad cold since last Sunday.

（13）She has a lot of pens in her pencil case.
　She has (　　　　) pens in her pencil case.

（14）Kenta runs the fastest in his school.
　Kenta runs (　　　　) than any other student in his school.

（15）They clean the rooms at the hotel every day.
　The rooms are (　　　　) at the hotel every day.

【国　語】（数学・英語・国語合わせて六〇分）

一、次の漢字の読みをひらがなで書きなさい。

① 開封　② 恩恵　③ 貫通　④ 錯覚
⑤ 催促　⑥ 発酵　⑦ 留守　⑧ 笑顔
⑨ 土産　⑩ 吹雪　⑪ 撮影　⑫ 詳細
⑬ 災難　⑭ 抑制　⑮ 間隔　⑯ 臨む
⑰ 赴く　⑱ 謝る　⑲ 昇る　⑳ 優しさ

二、次の文中の――部のカタカナを漢字に直して書きなさい。

① チョウジョウまで登る。　② アンイに物事を考えない。
③ 駅がコンザツする。　④ 雑誌のヘンシュウをする。
⑤ センモン家の話を聞く。　⑥ メンミツな計画をたてる。
⑦ すばらしいケシキを見る。　⑧ キョウリの祖父を訪ねる。
⑨ フタンを少なくする。　⑩ ナットクがいかない。

三、次の①～③の（　）に共通する漢字を入れて熟語を作りなさい。漢字は、下の語群の中から選び、記号で答えなさい。

①（　）惜・（　）願・悲（　）
②（　）問・（　）客・回（　）
③（　）在・（　）入・（　）航

【語群】
ア、愛　イ、侵　ウ、顧　エ、哀　オ、潜　カ、質

四、次のAとBの――部のカタカナにあてはまる漢字をそれぞれ下の語群の中から選び、記号で答えなさい。

A
① 調理師のシカクを持つ。
② シカクに訴えるデザイン。

【語群A】
ア、死角　イ、四角　ウ、視覚　エ、資格　オ、刺客

B
① 対ショウ的な性格。
② 左右対ショウの建物。

【語群B】
ア、証　イ、章　ウ、称　エ、象　オ、照

五、次の①～③はそれぞれ対義語です。（　）に入る適切な語を下の語群の中から選び、漢字に直して書きなさい。

① 守備 ―― 攻（　）
② 承諾 ――（　）退
③ 利益 ――（　）失

【語群】
じ・ぼう・げき・しん・そん

2021年度

愛国高等学校入試問題(一般)

【数　学】（50分）〈満点：100点〉

【1】 次の各問に答えなさい。

（1） $57-25\times3$ を計算しなさい。

（2） $(\frac{2}{3}+\frac{4}{5})\times30$ を計算しなさい。

（3） $(-3)^2\times(-2^4)$ を計算しなさい。

（4） $-0.2+\frac{2}{7}\div(-\frac{5}{14})-6$ を計算しなさい。

（5） $-6a^2bc\times3ab^2\div(-9ab^2c)$ を計算しなさい。

（6） $\sqrt{48}-\frac{6}{\sqrt{3}}$ を計算しなさい。

（7） $(x-4)(2x-3)$ を展開しなさい。

（8） $x^2-10x-11$ を因数分解しなさい。

（9） 2次方程式 $0.1x^2+0.4x+0.4=0$ を解きなさい。

(10) 連立方程式 $\begin{cases}3x+2y=4\\y=3x-7\end{cases}$ を解きなさい。

【2】 次の各問に答えなさい。

（1） $a=-1$，$b=3$，$c=-2$ のとき，$-a+b+2c$ の値を求めなさい。

（2） 車で70 kmの道のりを最初の40 kmは時速30 km，次の20 kmは時速40 km，残りを時速60 kmの速さで走ったときの平均の速さを求めなさい。

（3） 七角形の内角の和を求めなさい。

（4） 下の図で，色の部分の面積を求めなさい。ただし，円周率は π とします。

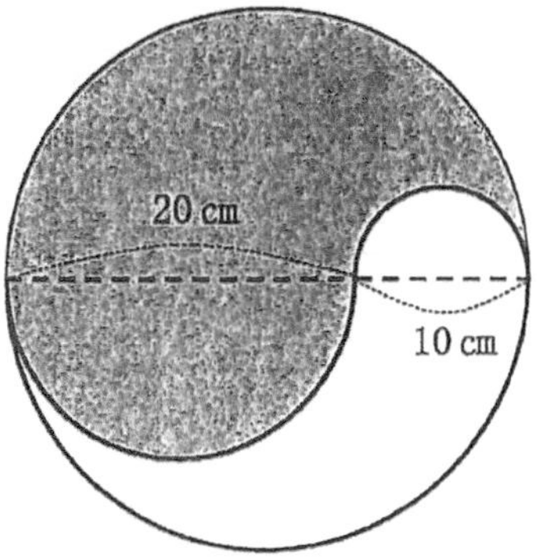

（5） 下の図で，$\angle x$の大きさを求めなさい。

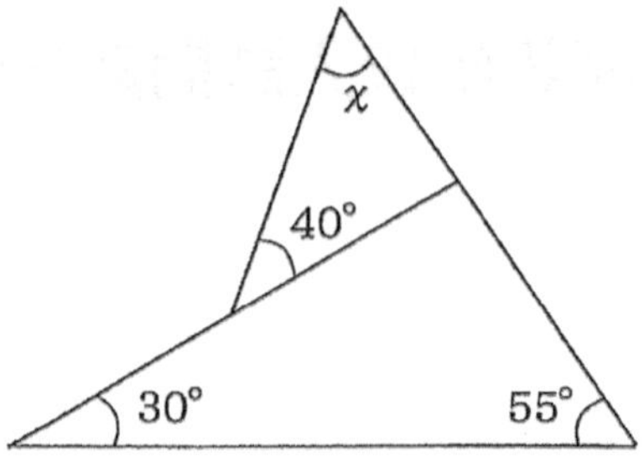

（6） 下の図で，ℓ，m，nが平行なとき，xの値を求めなさい。

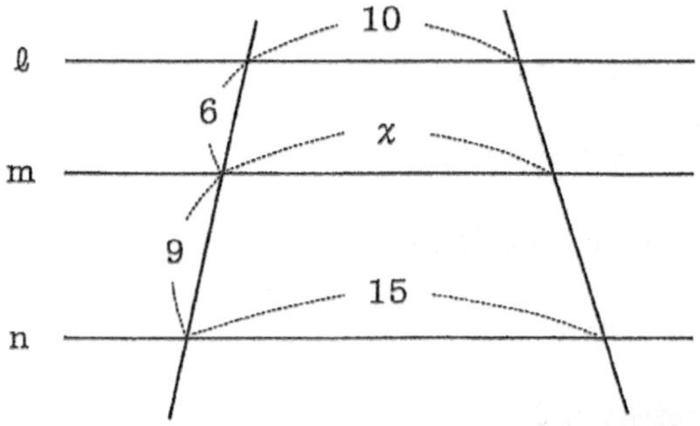

【3】 次の各問に答えなさい。

（1） A，B，C，D，E，Fの6つのバスケットボールチームの中から対戦する2チームをくじ引きで選ぶとき，次の各問に答えなさい。

① 選び方は全部で何通りあるかを求めなさい。

② AチームとBチームがともに選ばれる確率を求めなさい。

③ AチームとBチームのうち，少なくとも一方が選ばれる確率を求めなさい。

（2） 次の表は，ある中学校の女子20人のハンドボール投げの記録を度数分布表に整理したものです。この資料について，次の各問に答えなさい。

階級（m）	度数（人）
以上　　未満	
6 ～ 8	1
8 ～ 10	2
10 ～ 12	3
12 ～ 14	6
14 ～ 16	4
16 ～ 18	3
18 ～ 20	1
計	20

① 階級の幅を求めなさい。

② 記録が16 m以上18 m未満の階級の相対度数を求めなさい。

③ 最頻値を求めなさい。

【4】 底面の半径が8 cm，高さが9 cmの円柱の形をした容器を水平な台に置き，下の図のように底から5 cmの高さまで水を入れました。そのあと，半径2 cmの球の形をしたビー玉を静かに何個か沈めました。次の各問に答えなさい。

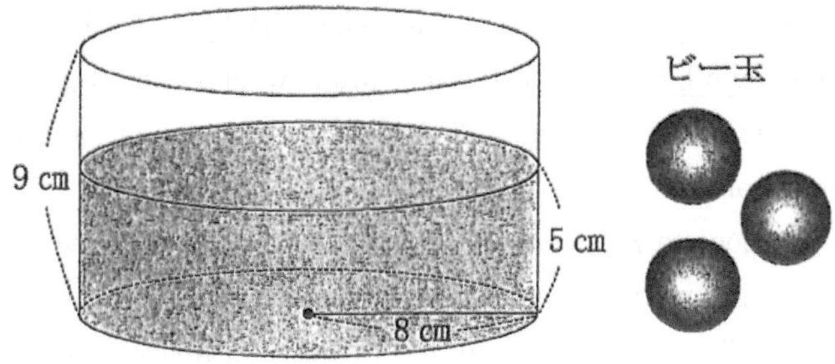

（1） この容器の底面積を求めなさい。

（2） この容器に入っている水の容積を求めなさい。

（3） ビー玉1個の体積を求めなさい。

（4） ビー玉を何個か沈めたところ，水面がちょうど2 cm上昇しました。沈めたビー玉の個数を求めなさい。

【5】 下の図のように，1辺の長さが8 cmの正方形ABCDがあります。点P，Qは頂点Bを同時に出発し，点Pは毎秒1 cmの速さで辺BC上を頂点Cまで動きます。また点Qは毎秒2 cmの速さで辺BA，AD上を頂点Dまで動きます。点P，Qが頂点Bを出発してからx秒後の△QBPの面積をy cm^{2}とするとき，次の各問に答えなさい。

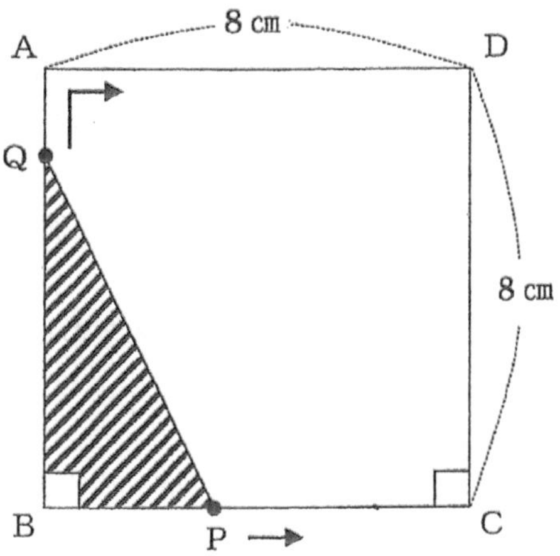

（1） 点P，Qが頂点Bを出発してから6秒後のyの値を求めなさい。

（2） 点Qが辺BA上にあるとき，xとyの関係を式で表しなさい。

（3） 点Qが辺AD上にあるとき，yの変域を求めなさい。

（4） 点Pが辺BC上にあるとき，xとyの関係のグラフを書きなさい。

【英　語】（50分）〈満点：100点〉

I　次の英文を読み，下の設問に答えなさい。

I go to the barber's ①(　　) three weeks. I don't like very ②(　　) hair, so my barber doesn't cut off much. ③I have known him for almost four years now, and when I go to him, we always talk a lot. He tells me all his news, and I tell him all ④mine. He meets a lot of interesting people in his shop and he talks to most of them, so he always has a lot of news for me.

Every year my barber goes to France for two weeks for his holidays, and when he comes back to England, he has a lot of interesting news. While he is cutting my hair, he tells me about beautiful old cities and quiet little villages, strange food and drinks and many other things. I sit there and listen to the old man ⑤with open (　　). ⑥One minute, my barber's chair is a seat in a French train, and the next minute it becomes a chair in a restaurant in Paris.

Although my barber is old, he always tries ⑦(　　) things. He never says, "⑧I have never eaten this food before, so I am not going to eat it now." He says instead, "Try anything once."

〔注〕 barber('s)　床屋・理髪師　　Although　～だけれども　　instead　その代わりに

【設問】

(1)　下線部①が「3週間ごとに」という意味になるように，(　　)内に入る適語を1語答えなさい。

(2)　下線部②，⑦の(　　)内に入る語を次のア～オから選び記号で答えなさい。

ア　young　　イ　old　　ウ　new　　エ　long　　オ　short

(3)　下線部③，⑧の現在完了と同じ用法で使われているものを次のア～オから1つずつ選び記号で答えなさい。

ア　Uncle has come to see us.　　イ　Have you finished your homework yet?

ウ　I've already washed the dishes.　　エ　Tom has been sick this week.

オ　I've been to New York three times.

(4)　下線部④を以下のように書き換えたとき，(　　)内に入る適語を1語答えなさい。

mine = my (　　　　)

(5)　本文の内容から判断し，下線部⑤の(　　)内に入ると思われる語を次のア～ウから選び記号で答えなさい。

ア　nose　　イ　ears　　ウ　mouth

(6)　下線部⑥を具体的に表しているものを次のア～ウから選び記号で答えなさい。

ア　フランスの電車やパリのレストランで実際に使われているものを床屋のイスとして使っているということ。

イ　床屋で使われたイスがその後フランスの電車やパリのレストランで使われることになるということ。

ウ　床屋のイスに座っているのに実際にフランスの電車やパリのレストランのイスに座っているような感覚になるということ。

(7)　次のア～エから本文の内容と合うものを2つ選び記号で答えなさい。

ア　About four years ago I met the barber for the first time.

イ　I go to the barber once a week.

ウ　The barber does not want to talk a lot to me.

エ　I am interested in the barber's talk.

Ⅱ　次の不規則動詞変化表を完成させなさい。

原形	過去形	過去分詞形
(1)	found	found
blow	(2)	blown
rise	rose	(3)
drink	(4)	drunk
(5)	fell	fallen

Ⅲ　次の各文の(　　)内より適切なものを選び記号で答えなさい。

(1)　I have only (ア　a few　イ　many　ウ　a little) money now.

(2)　(ア　Which　イ　Who　ウ　What) is taller, that tree or this building?

(3)　(ア　All　イ　Every　ウ　Each) of you has to pay three dollars.

(4)　I tried (ア　to open　イ　open　ウ　opened) the window, but I couldn't.

(5)　She made a box with (ア　a cup of　イ　a piece of　ウ　a kind of) paper.

Ⅳ　次の各組の英文がほぼ同じ内容になるように，(　　)内に適語を1語答えなさい。

(1)　My brother visited America at the age of twenty.
　　My brother visited America (　　) he was twenty.

(2)　This question is more difficult than that one.
　　This question is not as (　　) as that one.

(3)　The story is strange. Bob wrote it.
　　The story (　　) by Bob is strange.

(4)　We will play basketball after school.
　　We are (　　) to play basketball after school.

(5)　There is a lot of water in the bucket.
　　There is (　　) water in the bucket.

Ⅴ　次の各組の上の文の[　　]に指定された文になるように，下の文の(　　)内に適語を1語答えなさい。

(1)　Mike gave him the racket.　[受動態の文に]
　　The racket was (　　　) to him by Mike.

(2)　Bob came to Japan. He studies Japanese now.　[ほぼ同じ内容の文に]
　　Bob came to Japan (　　　) study Japanese.

(3)　It is <u>Monday</u> today.　[下線部を問う疑問文に]

（　　　）day of the week is it today?

(4) It won't be fine tomorrow. ［付加疑問文に］

It won't be fine tomorrow, （　　　）it?

(5) It's a long time since I saw her last. ［ほぼ同じ内容の文に］

I haven't （　　　）her for a long time.

Ⅵ　次のＣ―Ｄの関係が，Ａ―Ｂと同じ関係になるように，（　　）内に適語を１語答えなさい。

	A	B	C	D
(1)	orange	fruit	autumn	（　　）
(2)	man	men	foot	（　　）
(3)	difficult	easy	heavy	（　　）
(4)	first	January	third	（　　）
(5)	he	himself	they	（　　）

Ⅶ　次の各文の（　　）内から適切な前置詞を選び記号で答えなさい。

(1) I made friends with a girl（ア　to　イ　in　ウ　with）blue eyes.

(2) Smoking is not good（ア　for　イ　to　ウ　into）health.

(3) I can swim fastest（ア　of　イ　in　ウ　for）all the boys.

(4) She is known（ア　as　イ　to　ウ　of）many people.

(5) It was very cold. He put（ア　off　イ　with　ウ　on）his overcoat.

Ⅷ　次の対話が成り立つように，（　　）内に適する文を右のア～オから選び記号で答えなさい。

(1) A：Will Misako come to the party?

B：（　　　）

(2) A：Won't you have some more cakes?

B：（　　　）

(3) A：Shall we play catch this afternoon?

B：（　　　）

(4) A：Are you going to take a camera with you?

B：（　　　）

(5) A：Shall I carry your bag?

B：（　　　）

ア　No, thank you. I had enough.
イ　No, she won't.
ウ　Yes, I am.
エ　Yes, let's.
オ　Yes, please. It's too heavy for me.

Ⅸ　次の各組の下線部の発音が他と異なるものを１つ選び記号で答えなさい。

	ア	イ	ウ	エ
(1)	school	teach	church	children
(2)	thank	third	their	throw
(3)	write	children	bicycle	time
(4)	break	made	afraid	breakfast
(5)	now	know	how	cow

【三】　次の各問のア、イの――線をつけたカタカナは同音・同訓異義語です。正しい漢字になおして書きなさい。

1　ア　自然の恩ケイを受ける。
　　イ　神社のケイ内で遊ぶ。

2　ア　ホウ画のロードショー。
　　イ　ホウ香剤を取り替える。

3　ア　メンバーが一人カける。
　　イ　草原をカける馬。

4　ア　貴重な時間をサく。
　　イ　二人の仲を引きサく。

5　ア　避暑地にタイ在する。
　　イ　犯人のタイ捕に向かう。

【四】　次の（　）に合う適切な漢字を左の語群から選び、四字熟語を完成しなさい。答えは記号で書きなさい。

1　昼夜（　）行　　2　大山（　）動
3　千（　）一遇　　4　刻苦勉（　）
5　安全保（　）

（語群）ア　載　イ　強　ウ　鳴　エ　証　オ　兼
　　　　カ　障　キ　財　ク　激　ケ　続　コ　励

【五】　左の語群のひらがなを漢字になおして（　）に入れ、類義語を作りなさい。

1　専心＝（　）頭　　2　不足＝欠（　）
3　近所＝近（　）　　4　束縛＝（　）束
5　親類＝（　）者

（語群）ぼう・かん・えん・まん・けつ
　　　　やく・こう・けん・りん・ぼっ

【国語】（四〇分）〈満点：一〇〇点〉

【一】次の語の漢字の読みをひらがなで書きなさい。

1 克明　2 暫定　3 薪水　4 芝生
5 幽玄　6 輪郭　7 鍛錬　8 峡谷
9 寸暇　10 粒子　11 伐採　12 陶酔
13 提携　14 漏電　15 暖炉　16 濃紺
17 滑走　18 陪審　19 尻尾　20 今朝
21 弱冠　22 七夕　23 木綿　24 八百屋
25 炊く　26 潜む　27 巡る　28 頼る
29 企てる　30 抱える　31 控える　32 慕う
33 嫁ぐ　34 悟る　35 緩い　36 避ける
37 遂げる　38 伴う　39 譲る　40 掃く

【二】次の――線部のカタカナを漢字になおして書きなさい。

1 ネボウはしない。
2 ガンチクのある話。
3 打球がコを描く。
4 レッカのごとく怒る。
5 条約のテイケツ。
6 演劇界のキョショウ。
7 コウオツつけがたい勝負。
8 ソクザに答える。
9 キッキョウを占う。
10 会の設立にジンリョクする。
11 明日の予定をレンラクする。
12 エンテン下での試合。
13 ケントウをたたえる。
14 旅のヒツジュ品。
15 シュクハイをあげる。
16 合格をキガンする。
17 教科書がカイテイされる。
18 図書のヘンキャク期限。
19 ヒボンな才能。
20 カンルイにむせぶ。
21 時計をフンシツする。
22 シユウを決する。
23 大豆をハッコウさせる。
24 タサイな顔ぶれ。
25 部屋をカンキする。
26 美術品をカンショウする。
27 クウランを埋める。
28 父の事業をツぐ。
29 注意をウナガす。
30 月が雲にカクれる。
31 大雨で川がニゴる。
32 オウギを広げる。
33 次年度に残金をクり越す。
34 イソガしい毎日。
35 最後までネバる。
36 心にヒビく言葉。
37 タクみな技術。
38 うれしくて胸がオドる。
39 敵陣をセめる。
40 タオルをお湯にヒタす。

【作　文】（三〇分）

【課題】高校生活に期待すること

①原稿用紙のわくの中には課題・氏名を記入しないこと。

②本文は句読点を含めて三百字以内にまとめること。

③漢字はかい書で読みやすく書くこと。

④必ずこの提出用の用紙に清書して提出すること。

《提出用》

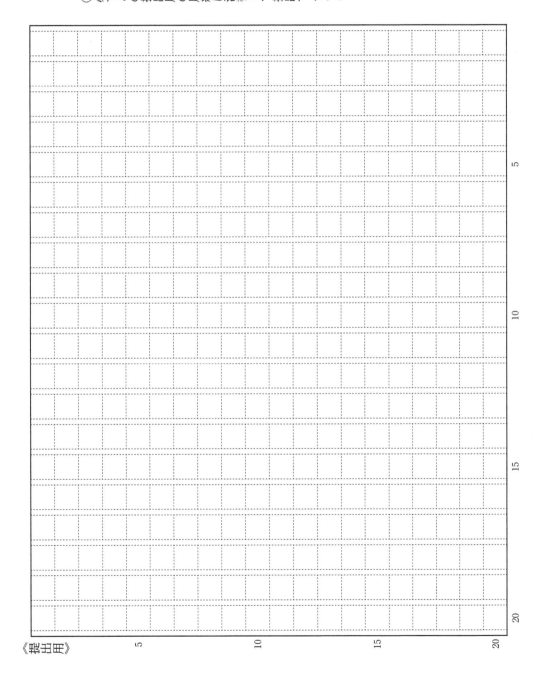

MEMO

大切なことはメモしておこうネ！

●2021年度　推薦 問題　解答●

《配点は解答欄に掲載してあります。》

＜数学解答＞

1　6　　2　-9　　3　$4\sqrt{2}$　　4　$4x^2-9y^2$　　5　$3(x+2)(x-3)$　　6　$x=1,\ y=-2$

7　$x=\dfrac{-2\pm\sqrt{2}}{2}$　　8　4個　　9　$x=130°$　　10　$81\pi\,\mathrm{cm}^3$

○推定配点○

各2点×10　　計20点

＜英語解答＞

(1)　イ　　(2)　ア　　(3)　ウ　　(4)　ア　　(5)　イ　　(6)　ア　　(7)　イ　　(8)　ウ

(9)　ウ　　(10)　ア　　(11)　for　　(12)　have　　(13)　many　　(14)　faster

(15)　cleaned

○推定配点○

各2点×15　　計30点

＜国語解答＞

一　①　かいふう　　②　おんけい　　③　かんつう　　④　さっかく　　⑤　さいそく

⑥　はっこう　　⑦　るす　　⑧　えがお　　⑨　みやげ　　⑩　ふぶき　　⑪　さつえい

⑫　しょうさい　　⑬　さいなん　　⑭　よくせい　　⑮　かんかく　　⑯　のぞ(む)

⑰　おもむ(く)　　⑱　あやま(る)　　⑲　のぼ(る)　　⑳　やさ(しさ)

二　①　頂上　　②　安易　　③　混雑　　④　編集　　⑤　専門　　⑥　綿密　　⑦　景色

⑧　郷里　　⑨　負担　　⑩　納得

三　①　エ　　②　ウ　　③　オ

四　A　①　エ　　A　②　ウ　　B　①　オ　　B　②　ウ

五　①　撃　　②　辞　　③　損

○推定配点○

各1点×40　　計40点

2021年度

解　答　と　解　説

《2021年度の配点は解答欄に掲載してあります。》

＜数学解答＞

【1】 (1) -18　(2) 44　(3) -144　(4) -7　(5) $2a^2b$　(6) $2\sqrt{3}$
(7) $2x^2-11x+12$　(8) $(x-11)(x+1)$　(9) $x=-2$　(10) $x=2,\ y=-1$

【2】 (1) 0　(2) 時速35km　(3) 900度
(4) $150\pi\,\mathrm{cm}^2$　(5) $\angle x=55$度　(6) $x=12$

【3】 (1) ① 15通り　② $\dfrac{1}{15}$　③ $\dfrac{3}{5}$
(2) ① 2m　② 0.15　③ 13m

【4】 (1) $64\pi\,\mathrm{cm}^2$　(2) $320\pi\,\mathrm{cm}^3$　(3) $\dfrac{32}{3}\pi\,\mathrm{cm}^3$
(4) 12個

【5】 (1) $y=24$　(2) $y=x^2$　(3) $16\leqq y\leqq 32$
(4) 右の図

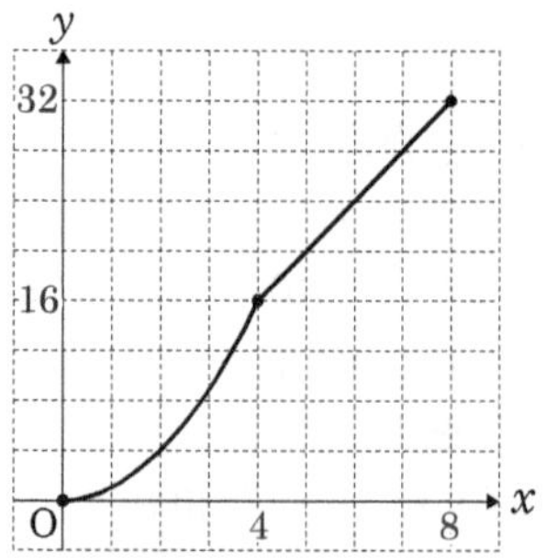

○推定配点○
【1】 各3点×10　【2】 各4点×6　【3】 各3点×6　【4】 各3点×4　【5】 各4点×4
計100点

＜数学解説＞

基本 【1】 (正負の数, 単項式の乗除, 平方根, 式の展開, 因数分解, 2次方程式, 連立方程式)

(1) $57-25\times3=57-75=-18$

(2) $\left(\dfrac{2}{3}+\dfrac{4}{5}\right)\times30=\dfrac{2}{3}\times30+\dfrac{4}{5}\times30=20+24=44$

(3) $(-3)^2\times(-2^4)=9\times(-16)=-144$

(4) $-0.2+\dfrac{2}{7}\div\left(-\dfrac{5}{14}\right)-6=-\dfrac{1}{5}-\dfrac{2}{7}\times\dfrac{14}{5}-6=-\dfrac{1}{5}-\dfrac{4}{5}-6=-1-6=-7$

(5) $-6a^2bc\times3ab^2\div(-9ab^2c)=\dfrac{6a^2bc\times3ab^2}{9ab^2c}=2a^2b$

(6) $\sqrt{48}-\dfrac{6}{\sqrt{3}}=\sqrt{16\times3}-\dfrac{6\times\sqrt{3}}{\sqrt{3}\times\sqrt{3}}=4\sqrt{3}-2\sqrt{3}=2\sqrt{3}$

(7) $(x-4)(2x-3)=x\times2x-x\times3-4\times2x+4\times3=2x^2-11x+12$

(8) 和が-10, 積が-11となる2数は-11と1だから, $x^2-10x-11=(x-11)(x+1)$

(9) $0.1x^2+0.4x+0.4=0$　$x^2+4x+4=0$　$(x+2)^2=0$　$x+2=0$　$x=-2$

(10) $3x+2y=4$…①, $y=3x-7$…②　②を①に代入して, $3x+2(3x-7)=4$　$3x+6x-14=4$　$9x=18$　$x=2$　これを②に代入して, $y=3\times2-7=-1$

【2】 (式の値, 速さ, 角度, 平面図形)

基本 (1) $-a+b+2c=-(-1)+3+2\times(-2)=1+3-4=0$

(2) 走った時間の合計は, $\dfrac{40}{30}+\dfrac{20}{40}+\dfrac{70-40-20}{60}=\dfrac{4}{3}+\dfrac{1}{2}+\dfrac{1}{6}=\dfrac{8+3+1}{6}=2$(時間)　よって, 平均の速さは, $\dfrac{70}{2}=35$より, 時速35km

重要 (3) n角形の内角の和は，$180°\times(n-2)$で求められるから，$n=7$を代入して，$180°\times(7-2)=900°$

基本 (4) 3つの円の半径は小さいほうから$\frac{10}{2}=5$，$\frac{20}{2}=10$，$\frac{20+10}{2}=15$だから，求める部分の面積は，$\pi\times15^2\times\frac{1}{2}+\pi\times10^2\times\frac{1}{2}-\pi\times5^2\times\frac{1}{2}=\frac{225}{2}\pi+50\pi-\frac{25}{2}\pi=150\pi\,(\mathrm{cm}^2)$

基本 (5) $\angle x+40°+30°+55°=180°$より，$\angle x=180°-125°=55°$

重要 (6) 右の図で，$a/\!/b$のとき，$\mathrm{BD}=x-10$，$\mathrm{CE}=15-10=5$　AB：AC＝BD：CEだから，$6:(6+9)=(x-10):5$　$15(x-10)=6\times5$　$15x-150=30$　$15x=180$　$x=12$

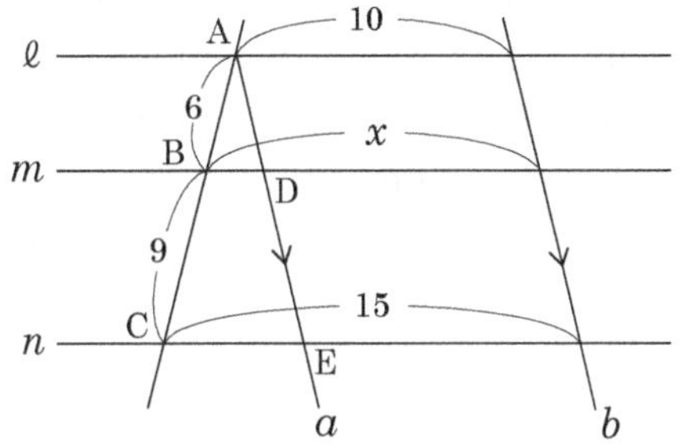

基本 【3】 (確率，資料の整理)

(1) ① 選び方は，(A，B)，(A，C)，(A，D)，(A，E)，(A，F)，(B，C)，(B，D)，(B，E)，(B，F)，(C，D)，(C，E)，(C，F)，(D，E)，(D，F)，(E，F)の15通り

② AチームとBチームがともに選ばれるのは1通りだから，求める確率は，$\frac{1}{15}$

③ ①より，下線の9通りだから，求める確率は，$\frac{9}{15}=\frac{3}{5}$

(2) ① 階級の幅は，$8-6=2$(m)

② 相対度数は，$\frac{3}{20}=3\div20=0.15$

③ 最頻値は，最も度数の大きい階級の階級値で，$\frac{12+14}{2}=13$(m)

基本 【4】 (空間図形の計量)

(1) 底面積は，$\pi\times8^2=64\pi\,(\mathrm{cm}^2)$

(2) 水の容積は，$64\pi\times5=320\pi\,(\mathrm{cm}^3)$

(3) ビー玉1個の体積は，$\frac{4}{3}\times\pi\times2^3=\frac{32}{3}\pi\,(\mathrm{cm}^3)$

(4) $64\pi\times2\div\frac{32}{3}\pi=12$(個)

【5】 (点の移動と面積)

基本 (1) 6秒後，点Pは辺BC上にあり，$\mathrm{BP}=1\times6=6$　点Qは辺AD上にあるから，$\triangle\mathrm{QBP}=\frac{1}{2}\times\mathrm{BP}\times\mathrm{AB}=\frac{1}{2}\times6\times8=24$　よって，$y=24$

(2) 点Qが辺BA上にあるとき，$\mathrm{BQ}=2x$　また，$\mathrm{BP}=x$だから，$\triangle\mathrm{QBP}=\frac{1}{2}\times\mathrm{BP}\times\mathrm{BQ}=\frac{1}{2}\times x\times2x=x^2$　よって，$y=x^2$

(3) 点Qが辺AD上にあるとき，$\triangle\mathrm{QBP}=\frac{1}{2}\times\mathrm{BP}\times\mathrm{AB}=\frac{1}{2}\times x\times8=4x$　点Qが頂点Aにあるのは，$8\div2=4$(秒後)　頂点Dにあるのは，$(8+8)\div2=8$(秒後)　$y=4x$に$x=4$，8をそれぞれ代入して，$y=16$，32　よって，$16\leqq y\leqq32$

(4) $0\leqq x\leqq4$のとき，$y=x^2$　$4\leqq x\leqq8$のとき，$y=4x$　グラフは解答参照。

★ワンポイントアドバイス★

出題構成は変わらないが，図形と関数の融合問題は，点の移動と面積の問題で，グラフの作成が出題された。

＜英語解答＞

Ⅰ (1) every (2) ② オ ⑦ ウ (3) ③ エ ⑧ オ (4) news
(5) イ (6) ウ (7) ア・エ

Ⅱ (1) find (2) blew (3) risen (4) drank (5) fall

Ⅲ (1) ウ (2) ア (3) ウ (4) ア (5) イ

Ⅳ (1) when (2) easy (3) written (4) going (5) much

Ⅴ (1) given (2) to (3) What (4) will (5) seen

Ⅵ (1) season (2) feet (3) light (4) March (5) themselves

Ⅶ (1) ウ (2) ア (3) ア (4) イ (5) ウ

Ⅷ (1) イ (2) ア (3) エ (4) ウ (5) オ

Ⅸ (1) ア (2) ウ (3) イ (4) エ (5) イ

○推定配点○

各2点×50　計100点

＜英語解説＞

Ⅰ (長文読解・エッセイ：語句補充，語句解釈，指示語，内容吟味)

(大意) 私は①3週間ごとに床屋へ行く。私はとても②短い髪の毛が好きではないので，わたしの床屋はあまりたくさんは切らない。③私は今ではほとんど4年間彼を知っていて，彼の所へ行くと，私たちはいつもたくさん話す。彼は全ての彼の近況を話し，私は全ての④私のを彼に話す。私の床屋は毎年，休暇に2週間フランスへ行き，イギリスへ戻って来ると，彼はたくさんの面白い情報を持っている。私の髪の毛を切っている間に，彼は美しい古い都市や静かな小さな村，奇妙な食べ物や飲み物，たくさんの他のことについて私に話す。私はそこに座り，⑤じっくりとその年配の男性の話を聞く。⑥ある瞬間，私の床屋の椅子はフランスの電車の座席になり，次の瞬間，パリのレストランの椅子になる。私の床屋は年をとっているけれども，いつも⑦新しいことに挑戦する。「⑧私は今までにこの食べ物を食べたことがないから，食べるつもりはありません」と彼は決して言わない。その代わりに，「何でも1度試そう」と言うのだ。

(1) every「～ごとに」

(2) ② 「あまりたくさんは切らない」(空欄②の1文の後半部)のは，髪の毛を短くしないためである。 ⑦ although「～だけれども」は逆接的な意味を持つ。ここでは空欄⑦の1文の前半部にはold「年をとっている」とあり，although を挟んで空欄⑦があるから，後半部には old と反対の意味の語が入ると考えられる。

(3) 下線部③ 継続用法。 下線部⑧ 経験用法。 ア 完了用法。 イ 完了用法。 ウ 完了用法。 エ 継続用法。 オ 経験用法。

(4) mine は「私のもの」という意味の所有代名詞。所有代名詞は＜人称代名詞の所有格＋名詞＞を表し，前に出ている名詞を代表する。ここでは mine = my news(下線部④の1文6語目)である。

(5) 「話を聞く」(下線部⑤の1文)のだから，使うのは ears「耳」である。

(6) 「私の髪の毛を切っている間に」床屋は「美しい古い都市や静かな小さな村，奇妙な食べ物や飲み物」などについて「私に話」し(第2段落第2文),「私は」床屋の椅子に「座り」，その「話を聞」いている(第2段落第3文)のである。それが「面白」かった(第2段落第1文)から，床屋の話の世界に入ってしまったような感覚になったのだと考えられる。

(7) ア 「約4年前に，私はその床屋に初めて会った」(○) 下線部③参照。 イ 「私は週に1回その床屋へ行く」(×) 第1段落第1文参照。3週間ごとに，である。 ウ 「その床屋は私とあまりたくさん話したくない」(×) 第1段落第2文・第3文参照。話したくて話すのである。 エ 「私はその床屋の話に興味がある」(○) 第2段落第1文参照。

重要 Ⅱ (語彙)

(1) find — found — found

(2) blow — blew — blown

(3) rise — rose — risen

(4) drink — drank — drunk

(5) fall — fell — fallen

Ⅲ (語句補充：語彙，比較，不定詞)

(1) a few「少しの」と many「たくさんの」は数えられる名詞につき，a little「少しの」は数えられない名詞につく。money は数えられない名詞。

(2) 2つのもの(AとB)を比較して「どちらが(より)～ですか」という疑問文は which から始まる比較の疑問文の後に<, A or B>を続ける。

(3) each も every も原則として単数扱いだが，every には every of you のような代名詞の用法はない。all は複数扱いにするのが一般的。

(4) <try to +動詞の原形>で「～しようとする」の意味。

(5) 紙を数えるときは a piece of ～ か a sheet of ～を用いる。

Ⅳ (書き換え：接続詞，語い，比較，分詞，助動詞)

(1) at the age of ～句から when A was ～(years old)節への書き換え。

(2) 比較級の文<A+Cの比較級+ than +B>から原級の否定文<A+否定+ as +Dの原級+ as +B>への書き換え。CとDには反対の意味の形容詞・副詞を使う。ここではCに difficult「難しい」の比較級を用いているので，Dは反対の意味の「簡単な」の原級 easy を用いる。

やや難 (3) 「その物語は奇妙だ。ボブがそれを書いた」ということは，「ボブによって書かれたその物語は奇妙だ」ということである。the story を分詞以下が修飾している文。the story は「(ボブによって)書かれた」ので，過去分詞 written「書かれる」を使うのが適切。

(4) 「未来」の内容を表す助動詞 will からbe 動詞を使った be going to ～への書き換え。どちらも「～するつもりだ」という意味。

(5) 「たくさんの」の意味の a lot of から much への書き換え。water「水」は数えられない名詞だから，many ではなく much を用いる。

Ⅴ (語句補充：受動態，不定詞，疑問詞，付加疑問文，現在完了)

(1) 能動態から「～される」の意味の受動態<be 動詞＋動詞の過去分詞形>への書き換え。given は give の過去分詞形。

(2) 「ボブは日本に来た。彼は今，日本語を勉強する」，つまり「ボブは日本語を勉強するために日本へ来た」のである。「～するために」の意味を表すのは<to ＋動詞の原形>の形の不定詞の副詞的用法。

(3) 「水曜日までに」と曜日を答えているから what day「何曜日」と聞いたのである

(4) 確認や同意を求める付加疑問の文。主語を代名詞に換え，もとの文を疑問文にした形のうち，最初の<助動詞[be 動詞]＋主語>の部分を使う。それを肯定・否定を逆にする。ここでは助動詞を用いた否定文 it won't だから，疑問形 won't it を肯定にし will it とする。

(5) 「最後に彼女に会ってから長い時間が経つ」，つまり「長い時間彼女と会っていない」のである。直前にhave があることから現在完了の文であるとわかる。現在完了は＜have[has]＋動詞の過去分詞形＞の形。seen は see の過去分詞形。

Ⅵ （語彙）

(1) orange「みかん」は fruit「果物」の中の1つであり，autumn「秋」は season「季節」の中の1つである。

(2) man「男性」の複数形は men で，foot「足」の複数形は feet である。

(3) difficult「難しい」の対義語は easy「簡単な」で，heavy「重い」の対義語は light「軽い」である。

(4) first「第1の」月は January「1月」で，third「第3の」月は March「3月」である。

(5) he「彼は」の再帰代名詞は himself「彼自身を」で，they「彼らは」の再帰代名詞は themselves「彼ら自身を」である。

基本 Ⅶ （語句補充：前置詞）

(1) ここでの with は所有を表し「～を持っている」の意味。

(2) for ～は対象を表し「～のために」の意味。

(3) ＜(the)＋形容詞・副詞の最上級＋ in[of] ～＞の形の最上級の文では通常，後に名詞の単数形が来る比較の範囲を言う場合 in を，後に名詞の複数形が来る比較の相手を言う場合 of を使う。

(4) be known to ～「～に知られている」

(5) 「とても寒かった」のだから，「彼はコートを着た」のだと考えられる。put on「～を着る」

Ⅷ （語句補充：疑問詞）

(1) 「いいえ，彼女は来ないでしょう」won't は will not の短縮形。

(2) 「いいえ，結構です。私は十分にいただきました」＜Wouldn't you ＋動詞の原形～ ?＞「～してはいかがですか」は would you を用いるよりも説得力があり，しつこい感じのないすすめ方になる。

(3) 「はい，そうしましょう」＜Shall we ＋動詞の原形～ ?＞を用いて「～しましょうか」と相手を誘う文に対しては，Yes, let's. か No, let's not. と答える。

(4) 「はい，私はそうするつもりです」＜be going to ＋動詞の原形＞「～するだろう」の疑問文に対する答え方は，be 動詞の疑問文に対する答え方と同じである。

(5) 「はい，お願いします。それは私には重すぎます」＜Shall I ＋動詞の原形～ ?＞「～してあげましょうか」に対しては Yes, please.「はい，お願いします」か No, thank you.「いいえ，結構です」と答える。

Ⅸ （発音）

(1) アは[k]，イ・ウ・エは[tʃ]と発音する。

(2) ウは[ð]，ア・イ・エは[θ]と発音する。

(3) イは[i]，ア・ウ・エは[ai]と発音する。

(4) エは[e]，ア・イ・ウは[ei]と発音する。

(5) イは[ou]，ア・ウ・エは[au]と発音する。

★ワンポイントアドバイス★

序数や月を表わす単語，形容詞や副詞の比較級・最上級などは確実に書けるようにしよう。それぞれをまとめて覚えておこう。

＜国語解答＞

【一】 1 こくめい　2 ざんてい　3 しんすい　4 しばふ　5 ゆうげん
6 りんかく　7 たんれん　8 きょうこく　9 すんか　10 りゅうし
11 ばっさい　12 とうすい　13 ていけい　14 ろうでん　15 だんろ
16 のうこん　17 かっそう　18 ばいしん　19 しっぽ　20 けさ
21 じゃっかん　22 たなばた　23 もめん　24 やおや　25 た(く)
26 ひそ(む)　27 めぐ(る)　28 たよ(る)　29 くわだ(てる)
30 かか(える)　31 ひか(える)　32 した(う)　33 とつ(ぐ)
34 さと(る)　35 ゆる(い)　36 さ(ける)　37 と(げる)
38 ともな(う)　39 ゆず(る)　40 は(く)

【二】 1 寝坊　2 含蓄　3 弧　4 烈火　5 締結　6 巨匠　7 甲乙
8 即座　9 吉凶　10 尽力　11 連絡　12 炎天　13 健闘
14 必需　15 祝杯　16 祈願　17 改訂　18 返却　19 非凡
20 感涙　21 紛失　22 雌雄　23 発酵　24 多彩　25 換気
26 鑑賞　27 空欄　28 継(ぐ)　29 促(す)　30 隠(れる)　31 濁(る)
32 扇　33 繰(り)　34 忙(しい)　35 粘(る)　36 響(く)
37 巧(みな)　38 躍(る)　39 攻(める)　40 浸(す)

【三】 1 ア 恵　イ 境　2 ア 邦　イ 芳　3 ア 欠(ける)　イ 駆(ける)
4 ア 割(く)　イ 裂(く)　5 ア 滞　イ 逮

【四】 1 オ　2 ウ　3 ア　4 コ　5 カ

【五】 1 没　2 乏　3 隣　4 拘　5 縁

○推定配点○

各1点×100　　計100点

＜国語解説＞

【一】 (漢字の読み)

1 「克」を使った熟語はほかに「克服」「克己」など。訓読みは「か(つ)」。　2 「暫定」は，しばらくの間だけ仮に決めること。「暫」を使った熟語はほかに「暫時」。訓読みは「しばら(く)」。

3 「薪水」は，たきぎと水，炊事，という意味。「薪」の訓読みは「たきぎ」「まき」。　4 「芝」を使った熟語はほかに「芝居」。　5 「幽」を使った熟語はほかに「幽谷」「幽霊」など。　6 「郭」を使った熟語はほかに「外郭」「城郭」など。　7 「鍛」を使った熟語はほかに「鍛造」。訓読みは「きた(える)」。　8 「峡谷」は，幅が狭く険しい谷。「峡」を使った熟語はほかに「峡間」「海峡」など。　9 「寸」を使った熟語はほかに「寸分」「寸法」など。　10 「粒」を使った熟語はほかに「顆粒」「粒粒辛苦」など。訓読みは「つぶ」。　11 「伐」を使った熟語はほかに「征伐」「濫伐」など。訓読みは「き(る)」「う(つ)」。　12 「陶」を使った熟語はほかに「陶器」「陶冶」など。

13 「提」を使った熟語はほかに「提案」「提出」など。訓読みは「さ(げる)」。　14 「漏」を使った熟語はほかに「漏水」「漏斗」など。訓読みは「も(らす)」「も(る)」「も(れる)」。　15 「炉」を使った熟語はほかに「懐炉」「香炉」など。　16 「濃」を使った熟語はほかに「濃厚」「濃淡」など。訓読みは「こ(い)」。　17 「滑」を使った熟語はほかに「滑車」「潤滑」など。訓読みは「すべ(る)」「なめ(らか)」。　18 「陪審」は，裁判に，一般から選んだ参加させること。　19 「尻」の訓読みは「しり」。熟語は「尻目」「尻餅」など。　20 「今朝(けさ)」は熟字訓。「今」の訓読みは「いま」。音読みは「コン」「キン」。　21 「弱冠」は，年が若いこと。「弱」の訓読みは「よわ(い)」「よわ(まる)」「よわ(める)」「よわ(る)」。　22 「七夕(たなばた)」は熟字訓。　23 「綿」を使った熟語はほかに「綿密」「連綿」など。訓読みは「わた」。　24 「八」の訓読みは「や」「や(つ)」「やっ(つ)」「よう」。音読みは「ハチ」。　25 「炊」の音読みは「スイ」。熟語は「炊飯器」「自炊」など。　26 「潜」の訓読みは「ひそ(む)」「もぐ(る)」「くぐ(る)」。音読みは「セン」。熟語は「潜在」「潜水」など。　27 「巡」の音読みは「ジュン」。熟語は「巡回」「巡視」など。　28 「頼」の訓読みは「たの(む)」「たの(もしい)」「たよ(る)」。音読みは「ライ」。熟語は「依頼」「信頼」など。

29 「企」の訓読みはほかに「たくら(む)」。音読みは「キ」。熟語は「企画」「企図」など。

30 訓読みはほかに「いだ(く)」「だ(く)」。音読みは「ホウ」。熟語は「抱負」「介抱」など。

31 「控」の音読みは「コウ」。熟語は「控除」「控訴」など。　32 「慕」の音読みは「ボ」。熟語は「慕情」「思慕」など。　33 訓読みはほかに「よめ」。音読みは「カ」。熟語は「転嫁」など。

34 「悟」の音読みは「ゴ」。熟語は「覚悟」「悔悟」など。　35 「緩」の訓読みは「ゆる(い)」「ゆる(む)」「ゆる(める)」「ゆる(やか)」。音読みは「カン」。熟語は「緩衝」「緩慢」など。　36 「避」の音読みは「ヒ」。熟語は「避難」「回避」など。　37 訓読みはほかに「つい(に)」。音読みは「スイ」。熟語は「遂行」「完遂」など。　38 「伴」の音読みは「ハン」「バン」。熟語は「伴奏」「随伴」など。　39 「譲」の音読みは「ジョウ」。熟語は「譲歩」「謙譲」など。　40 「掃」の音読みは「ソウ」。熟語は「掃除」「清掃」など。

【二】 (漢字の書き取り)

1 「寝」の訓読みは「ね(る)」「ね(かす)」。音読みは「シン」。熟語は「寝食」「就寝」など。

2 「含」を使った熟語はほかに「含有」「包含」など。訓読みは「ふく(む)」「ふく(める)」。

3 「弧」を使った熟語は「円弧」「括弧」など。　4 「烈」を使った熟語はほかに「烈日」「烈風」など。訓読みは「はげ(しい)」。　5 「結」を使った熟語はほかに「凍結」「連結」など。訓読みは「むす(ぶ)」「ゆ(う)」「ゆ(わえる)」。　6 「巨」を使った熟語はほかに「巨額」「巨木」など。

7 「甲乙」は，第一と第二，または，優劣，という意味。　8 「即」を使った熟語はほかに「即戦力」「即答」など。訓読みは「すなわ(ち)」。　9 「吉凶」は，運などのよいことと悪いこと。「吉」を使った熟語はほかに「吉日」「吉報」など。　10 「尽」を使った熟語はほかに「一網打尽」「理不尽」など。訓読みは「つ(かす)」「つ(きる)」「つ(くす)」。　11 「絡」を使った熟語はほかに「脈絡」など。訓読みは「から(む)」「から(まる)」。　12 「炎」を使った熟語はほかに「炎症」「炎上」など。訓読みは「ほのお」。　13 「闘」を使った熟語はほかに「戦闘」「奮闘」など。訓読みは「たたか(う)」。　14 「必を使った熟語はほかに「必至」「必修」など。訓読みは「かなら(ず)」。

15 「祝」の音読みはほかに「シュウ」。熟語は「祝言」「祝儀」など。訓読みは「いわ(う)」。「祝詞(のりと)」という読み方もある。　16 「祈」を使った熟語はほかに「祈念」「祈祷」など。訓読みは「いの(る)」。　17 「改」を使った熟語はほかに「改心」「改良」など。訓読みは「あらた(まる)」「あらた(める)」。　18 「却」を使った熟語はほかに「却下」「売却」など。　19 「凡」の音読みはほかに「ハン」。熟語は「凡例」など。訓読みは「およ(そ)」。　20 「涙」を使った熟語はほかに「血涙」「落涙」など。訓読みは「なみだ」。　21 「紛」を使った熟語はほかに「紛糾」「紛争」など。訓読みは「まぎ(らす)」「まぎ(らわしい)」「まぎ(らわす)」「まぎ(れる)」。　22 「雌雄」は，めすとおす，優れることと劣ること，という意味。　23 「酵」を使った熟語はほかに「酵母」「酵素」など。　24 「彩」を使った熟語はほかに「異彩」「色彩」など。訓読みは「いろど(る)」。

25 「換」を使った熟語はほかに「換言」「換骨奪胎」など。訓読みは「か(える)」「か(わる)」。

26 「鑑」を使った熟語はほかに「鑑定」「図鑑」など。訓読みは「かがみ」。　27 「欄」を使った熟語はほかに「欄外」「欄干」など。 28 「継」の音読みは「ケイ」。熟語は「継続」「中継」など。
29 「促」の音読みは「促進」「催促」など。 30 「隠」の訓読みはほかに「かく(す)」。音読みは「イン」「オン」。熟語は「隠忍自重」「隠密」など。 31 「濁」の訓読みはほかに「にご(す)」。音読みは「ダク」。熟語は「濁流」「清濁」など。 32 「扇」の音読みは「セン」。熟語は「扇子」「扇風機」など。 33 「繰」の訓読みは「く(る)」。「繰り返す」「繰り上げる」などと使う。
34 「忙」の音読みは「ボウ」。熟語は「多忙」「繁忙」など。 35 「粘」の音読みは「ネン」。熟語は「粘着」「粘土」など。 36 「響」の音読みは「キョウ」。熟語は「影響」「音響」など。
37 「巧」の音読みは「コウ」。熟語は「巧言令色」「巧妙」など。 38 「躍」の音読みは「ヤク」。熟語は「躍進」「躍動」など。 39 「攻」の音読みは「コウ」。熟語は「攻撃」「攻略」など。
40 「浸」の訓読みは「ひた(す)」「ひた(る)」。音読みは「シン」。熟語は「浸水」「浸透」など。

やや難【三】 (同音・同訓異義語)

1 ア 「恵」を使った熟語はほかに「恵与」「恵贈」など。音読みはほかに「エ」。訓読みは「めぐ(む)」。 イ 「境内」は,神社や寺の敷地の中。「境」の音読みはほかに「キョウ」。訓読みは「さかい」。 2 ア 「邦」を使った熟語はほかに「邦人」「本邦」など。訓読みは「くに」。 イ 「芳」を使った熟語はほかに「芳名」「芳志」など。訓読みは「かんば(しい)」。 3 ア 「欠」の訓読みは「か(く)」「か(ける)」。音読みは「ケツ」。熟語は「欠席」「欠陥」など。 イ 「駆」の訓読みは「か(ける)」「か(る)」。音読みは「ク」。熟語は「駆動」「駆使」など。 4 ア 「割」の訓読みは「わり」「わ(る)」「わ(れる)」「さ(く)」。音読みは「カツ」。 イ 「裂」の訓読みは「さ(く)」「さ(ける)」。音読みは「レツ」。熟語は「破裂」「分裂」など。 5 ア 「滞」を使った熟語はほかに「渋滞」「延滞」など。訓読みは「とどこお(る)」 イ 「逮捕」は,警察などが罪を犯した人や疑いのある人をつかまえること。

やや難【四】 (四字熟語)

1 「昼夜兼行(ちゅうやけんこう)」は,昼も夜も休まずに物事を急いで行うこと。 2 「大山鳴動(たいざんめいどう)」は,大きな山がうなりを立てて動くように,大騒ぎすること。 3 「千載一遇(せんざいいちぐう)」は,千年の間に,たった一度会えるような好機のこと。 4 「刻苦勉励(こっくべんれい)」は,苦しさに耐えながら,努めて仕事や勉強に励むこと。 5 「安全保障(あんぜんほしょう)」は,不安や危険から守ること。

【五】 (類義語)

1 「専心」は,一つのことをするために心を集中させること。「没頭(ぼっとう)」は,そのことに精神をつぎこんで熱中すること。 2 「不足」は,たりないこと。「欠乏(けつぼう)」は,必要なものがたりないこと。 3 「近所」は,ある場所に近いところ。「近隣(きんりん)」は,となりとその近くの辺り。 4 「束縛」は,条件や罰則などを付けて人の行動の自由を奪うこと。「拘束(こうそく)」は,権力や規則などによって行動や意志の自由を制限すること。 5 「親類」は,血縁や婚姻などによってつながりを持っている人で,同じ家族に属さない人。「縁者(えんじゃ)」は,血縁や縁組みによって,縁のつながっている人。

〈作文について〉

課題は「高校生活に期待すること」なので,冒頭の段落で,「私が高校生活に期待することは,○○です」と端的に述べて書き始めるとよいだろう。冒頭で課題に対する答えを端的に示す→そう考える理由を,具体例を示しながらわかりやすく説明する→抱負を述べてまとめる,という三段落にすると構成しやすい。書き始めは一マス空ける,段落ごとに改行する,など,原稿用紙の使い方に注意し,最後に必ず,誤字・脱字,主述の呼応の見直しをして完成させること。

★ワンポイントアドバイス★

漢字の読み書きは，語彙力を向上させることを意識して取り組もう！　対義語・類義語，四字熟語，熟語の構成など，言語に関する幅広い知識を身につけよう！

2020年度

★★★★★★★★★★★★★★★★★★★★★★★★

入　試　問　題

2020年度

愛国高等学校入試問題

【作　文】（五〇分）

【課題】実践している私の「親切」

①原稿用紙のわくの中には課題・氏名を記入しないこと。
②本文（課題・氏名を除く）は句読点を含めて四百字以内にまとめること。
③漢字はかい書で正しく書くこと。
④必ずこの提出用の用紙に清書して提出すること。

《提出用》

【作　文】（五〇分）

【課題】人から信頼されるためにすべきこと（しなくてはならないこと）

①原稿用紙のわくの中には課題・氏名を記入しないこと。
②本文（課題・氏名を除く）は句読点を含めて四百字以内にまとめること。
③漢字はかい書で正しく書くこと。
④必ずこの提出用の用紙に清書して提出すること。

《提出用》

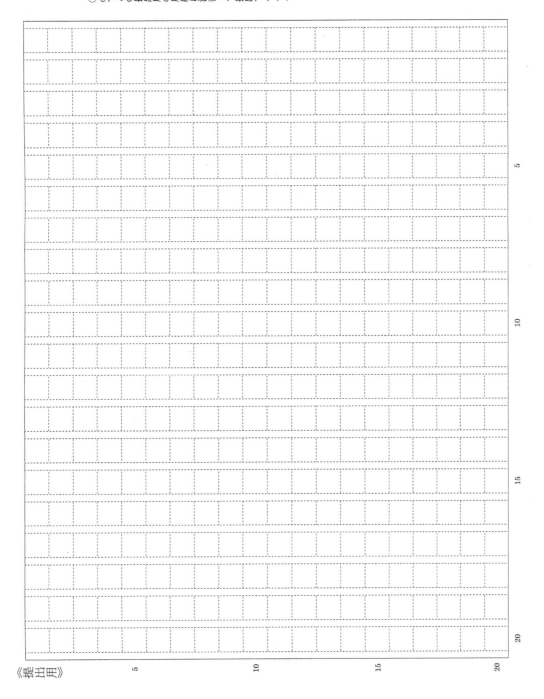

【数　学】（数学・英語・国語合わせて60分）

1.　$7-(-6)\div 3\times(-2)$　を計算しなさい。

2.　$\dfrac{27}{30}\times\dfrac{5}{21}\div\dfrac{6}{7}$　を計算しなさい。

3.　$\sqrt{147}-5\sqrt{27}+\sqrt{75}$　を計算しなさい。

4.　$(-2x+5)^2$　を展開しなさい。

5.　x^2-x-42　を因数分解しなさい。

6.　連立方程式 $\begin{cases} x+y=-1 \\ 2x-3y=13 \end{cases}$　を解きなさい。

7.　2次方程式　$x^2-6x+1=0$　を解きなさい。

8.　3枚の硬貨を同時に投げるとき，2枚が表で，1枚が裏となる確率を求めなさい。

9.　下の図で，直線 ℓ，m，n が平行であるとき，x の値を求めなさい。

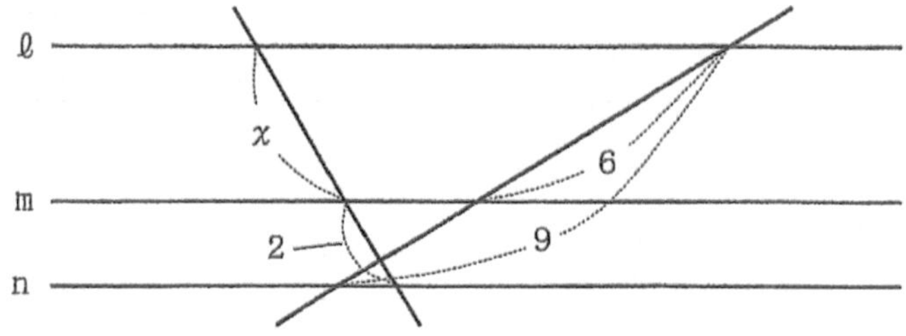

10.　下の直角三角形で，x の値を求めなさい。

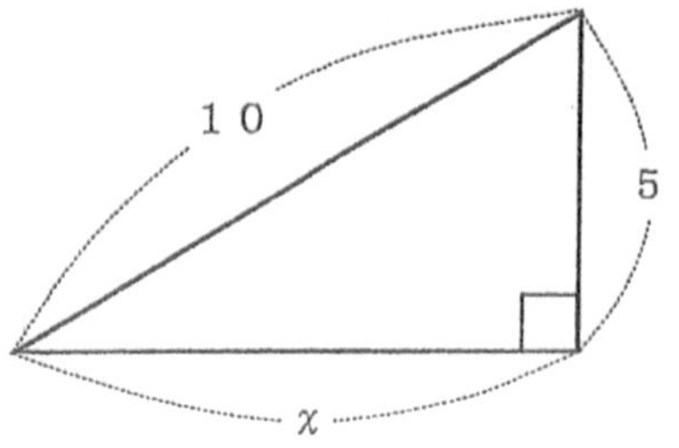

【英　語】（数学・英語・国語合わせて60分）

次の(1)～(5)のそれぞれの対話の(　　　)内に入る適当なものを，以下のア～ウから1つずつ選び，記号で答えなさい。

(1) A：How long has it been rainy?
B：(　　　　).
ア. Until next month　　イ. Since last week　　ウ. Every Sunday

(2) A：Excuse me.　Can I see Mr. Mike?
B：Sorry, but (　　　　).
ア. he is out now　　イ. he will call you soon　　ウ. he wants to see you

(3) A：Would you like some more cake?
B：(　　　　).　I'm full.
ア. It's delicious　　イ.I　like it　　ウ. No, thanks

(4) A：I'll try my best in tomorrow's English test.
B：(　　　　).
ア. Not at all　　イ. Good luck　　ウ. You're welcome

(5) A：I can't find my key, Mom.
B：(　　　).
ア. It's on the sofa　　イ. I bought it yesterday　　ウ. It's very difficult

次の(6)～(10)の文の(　　　)内から適切な語を選び，記号で答えなさい。

(6) Wake up now, (ア. or　イ. and　ウ. but) you will be late for the meeting.
(7) Many flowers can be (ア. saw　イ. seeing　ウ. seen) in this park.
(8) The girl (ア. plays　イ. playing　ウ. played) the violin is my sister.
(9) It is difficult for me to (ア. writing　イ. wrote　ウ. write) a letter in English.
(10) Kei is very good (ア. on　イ. at　ウ. for) playing tennis.

次の(11)～(15)の各組の英文がほぼ同じ意味になるよう(　　　)内に適語を入れなさい。

(11) We are going to play rugby next Sunday.
We (　　　) play rugby next Sunday.

(12) Do you know his name?
Do you know (　　　) his name is?

(13) Let's go for a walk around the lake.
How about (　　　) for a walk around the lake?

(14) Mr. Sato isn't as old as Mr. Tanaka.
Mr. Sato is (　　　) than Mr. Tanaka.

(15) What language do they speak in Australia?
What language is (　　　) in Australia?

【国　語】（数学・英語・国語合わせて六〇分）

一、次の漢字の読みをひらがなで書きなさい。

①　祝宴　②　概要　③　欺く　④　契約　⑤　甲高い
⑥　開催　⑦　湿度　⑧　結晶　⑨　雑炊　⑩　申請
⑪　穏便　⑫　岐路　⑬　凝らす　⑭　覚悟　⑮　慌てる
⑯　福祉　⑰　長寿　⑱　伸びる　⑲　純粋　⑳　鍛える

二、次の文中の――部のカタカナを漢字に直して書きなさい。

①　新記録をジュリツする　②　提出期限をエンキする
③　範囲をカクチョウする　④　生活がカイゼンされる
⑤　カンタンな料理を作る　⑥　スイリ小説を読む
⑦　トウヒョウをしにいく　⑧　テンラン会に出品する
⑨　切手をシュウシュウする　⑩　ピアノのエンソウ会

三、次の①～③の（　　）に共通する漢字を入れて熟語を作りなさい。漢字は、下の語群の中から選び、記号で答えなさい。

①（　　）素・（　　）母・発（　　）
②（　　）却・（　　）権・廃（　　）
③　奇（　　）・待（　　）・優（　　）

【語群】
ア、棄　イ、考　ウ、偶　エ、酵　オ、遇　カ、機

四、次のAとBの――部のカタカナにあてはまる漢字をそれぞれ下の語群の中から選び、記号で答えなさい。

A
①　参加することにイギがある
②　イギを正す

【語群A】
ア、異議　イ、意義　ウ、意議　エ、異義　オ、威儀

B
①　窓を開けてカンキする
②　勝利にカンキする

【語群B】
ア、喚起　イ、寒気　ウ、歓喜　エ、換気　オ、乾季

五、次の①～③はそれぞれ類義語です。（　　）に入る適切な語を下の語群の中から選び、漢字に直して書きなさい。

①　清掃　――　掃（　　）
②　幼稚　――　未（　　）
③　無口　――　寡（　　）

【語群】
じゅく・もく・けん・せい・り・じ

2020年度

愛国高等学校入試問題(一般)

【数　学】（50分）〈満点：100点〉

【1】 次の各問に答えなさい。

（1） $26-13\times12$ を計算しなさい。

（2） $(\frac{4}{7}+\frac{2}{3})\times21$ を計算しなさい。

（3） $(-2)^3\div(3\times2^2)$ を計算しなさい。

（4） $\frac{3}{2}\div0.5\times16\times0.25$ を計算しなさい。

（5） $-4xy^3\times6x^2\div(-3y^2)$ を計算しなさい。

（6） $\frac{7}{\sqrt{7}}+\sqrt{28}$ を計算しなさい。

（7） $(2x-5)(2x+1)$ を展開しなさい。

（8） $3ma+6mb-9mc$ を因数分解しなさい。

（9） 2次方程式 $x^2-5x-24=0$ を解きなさい。

（10） 連立方程式

$$\begin{cases} x+y=7 \\ 2x-y=2 \end{cases}$$

を解きなさい。

【2】 次の各問に答えなさい。

（1） $a=2$，$b=-3$ のとき，$8a^2b^2\div(-4ab)$ の値を求めなさい。

（2） 池の周りを1周するのに，Aは6分，Bは12分かかります。二人が同じ場所から反対方向に同時にスタートしたとき，最初に二人がすれ違うまでにかかる時間は何分かを求めなさい。

（3） 周りの長さが24cmの長方形があります。この長方形の横の長さを x cmとするとき，長方形の面積を x を使った式で表しなさい。

（4） 下の図で，色の部分の面積を求めなさい。ただし，円周率は π とします。

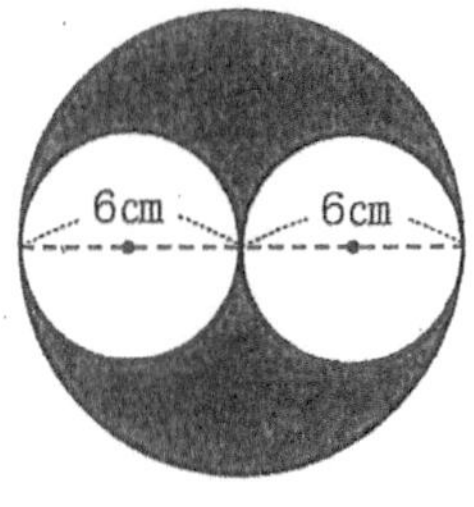

(5)　下の図で，$\angle x$の大きさを求めなさい。

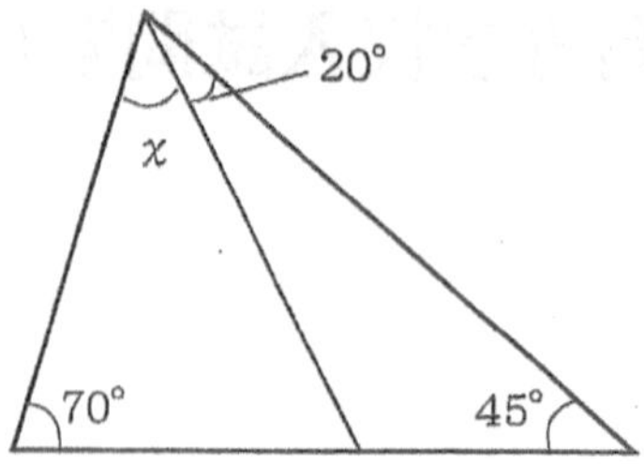

(6)　下の図で，四角形ABCDはAD//BCの台形です。点E，Fをそれぞれ辺AB，CDの中点とするとき，xの値を求めなさい。

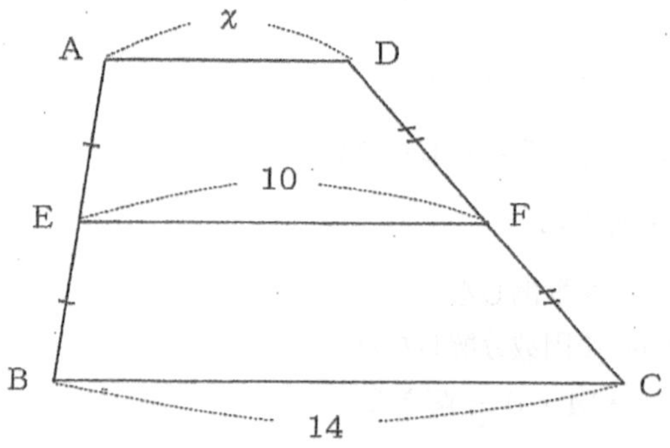

【3】　次の各問に答えなさい。

(1)　A，B，C，Dの4人の中から，くじ引きで班長，副班長，書記を選ぶとき，次の各問に答えなさい。

①選び方は全部で何通りあるかを求めなさい。

②Bが班長，Cが副班長に選ばれる確率を求めなさい。

③班長，副班長，書記のいずれにもAが選ばれない確率を求めなさい。

(2)　10個の卵を1個ずつ重さを量ったところ，次の表のようになりました。この資料について，次の各問に答えなさい。

重さ(g)

59	60	61	57	60
62	59	64	61	59

①平均値を求めなさい。

②中央値を求めなさい。

③最頻値を求めなさい。

【4】 下の図のように，1辺の長さが6 cmの立方体があります。このとき，次の各問に答えなさい。

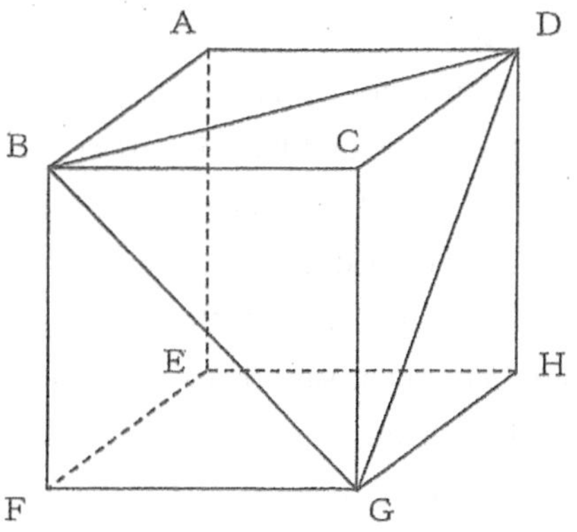

（1） △BFGの面積を求めなさい。

（2） 線分BGの長さを求めなさい。

（3） CBGDを頂点とする立体の体積を求めなさい。

（4） △BDGの面積を求めなさい。

【5】 下の図において，曲線①は関数$y = x^2$，曲線②は関数$y=ax^2$のグラフです。また点AからEは次の通りです。

点A

「曲線①上の点で，x座標が2である」

点B

「曲線②上の点で，線分ABはy軸に平行である」

点C

「曲線①上の点で，線分BCはx軸に平行であり，x座標は－1である」

点D

「y軸上の点で，線分ADはx軸に平行である」

点E

「線分ACの中点である」

このとき，次の各問に答えなさい。

（1） aの値を求めなさい。

（2） 点C，Dを通る直線の式を求めなさい。

（3） 点Bを通り△ADBの面積を2等分する直線の式を求めなさい。

（4） △CDEの面積を求めなさい。

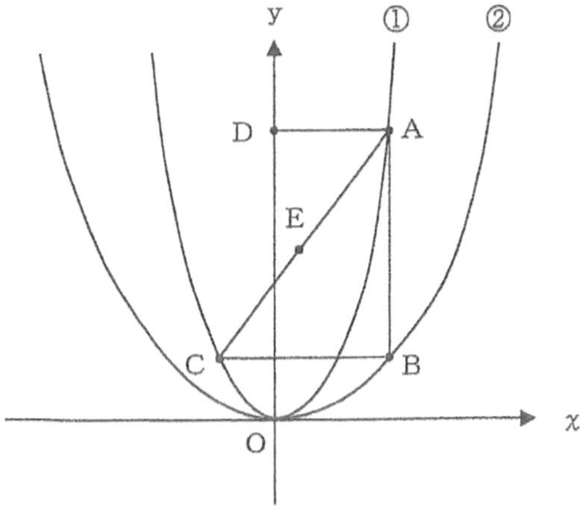

【英　語】（50分）〈満点：100点〉

Ⅰ　次の英文を読み，下の設問に答えなさい。

Mr. Jones was never friendly to anyone. He never laughed or smiled. So his family was not happy, and the shopkeeper he worked for didn't like him. ①At (　　　) he lost his job.

A few days later, Mr. Jones went to the gate of a parking lot and said, "Can I work here?" ②"Yes," said the man at the gate. "We need another man to take money from the drivers." "I'll take the job," said Mr. Jones ③(　　　) a smile. "④(ア one thing　イ forget　ウ mustn't　エ there's　オ you)," said the man. "You must say 'thank you' when you take the money." "Thank you!" cried Mr. Jones. "Why should I thank them? The drivers should say 'thank you' to me." "If you want the job, you must say it," said the man.

The next day Mr. Jones started his new job. The first car came up, and the driver gave him the money. It was very ⑤(ア hard　イ easy) for Mr. Jones to say 'thank you', so he said the words in a very small voice. When the driver heard that, he smiled. Another driver came, and ⑥Mr. Jones did the same thing. Again, the driver smiled. Then Mr. Jones began to look for smiles from the drivers. On that day he said it ⑦(many, more, most) than a hundred times.

After the day's work, he came home. His wife opened the door. "Thank you," he said. His little boys came up to him. "Thank you," he said with a big smile. ⑧Mrs. Jones was (　　　) surprised that she fell into the nearest chair. "My new job is ⑨(good) than any I have ever had," he said to his wife. "It has changed me very much."

注〉 friendly　愛想がいい　　shopkeeper　店の主人　　parking lot　駐車場

【設問】

(1)　下線部①が「ついに」という意味になるように，(　　　)内に適語を1語答えなさい。

(2)　以下の文は下線部②の意味を具体的に表したものである。(　　　)内に入る語を次のア～エから選び記号で答えなさい。

Yes, you can. We have a (　　　) for you.

ア　gate　　イ　job　　ウ　money　　エ　family

(3)　本文の内容から判断し，下線部③の(　　　)内に入ると思われる語を次のア～エから選び記号で答えなさい。

ア　in　　イ　with　　ウ　without　　エ　from

(4)　下線部④が「あなたが忘れてはいけないことが一つある。」という意味になるよう(　　　)内を並べ替え，(　　　)内で3番目にくるものを記号で答えなさい。但し，文頭にくる語も小文字で記してある。

(5)　下線部⑤の(　　　)内から本文に適するものを選び記号で答えなさい。

(6)　下線部⑥を具体的に表しているものを次のア～ウから選び記号で答えなさい。

ア　Mr. Jones said 'thank you' in a very small voice.

イ　Mr. Jones began to smile at every driver.

ウ　Mr. Jones heard 'thank you' from the driver.

(7)　下線部⑦の(　　　)内より正しいものを選びなさい。

(8)　下線部⑧が「ジョーンズ夫人はとても驚いて，最寄りの椅子にしりもちをついてしまった。」という意味になるように,(　　　)内に適語を1語答えなさい。

(9) 下線部⑨の(　　　)内の語を適切な形にしなさい。

(10) この物語に題名をつけるとき，最も適当なものを次のア～ウから選び記号で答えなさい。

ア　The Man Who Lost His Job

イ　Mr. Jones and His Family

ウ　A Man Changed by "Thank you"

Ⅱ　次の不規則動詞変化表を完成させなさい。

原形	過去形	過去分詞形
(1)	bought	bought
fly	(2)	flown
do	did	(3)
sing	(4)	sung
(5)	felt	felt

Ⅲ　次の各文の(　　　)内より適切なものを選び記号で答えなさい。

(1) America is (ア many　イ much　ウ very) larger than Japan.

(2) Have you ever (ア seen　イ saw　ウ see) such a big dog?

(3) What do you do (ア at　イ in　ウ on) Sunday?

(4) The building (ア that　イ this　ウ it) stands on the hill is my school.

(5) Start at once, (ア or　イ and　ウ but) you will get there in time.

Ⅳ　次の各組の英文がほぼ同じ内容になるように，(　　　)内に適語を1語答えなさい。

(1) Mt. Fuji is the highest mountain in Japan.

Mt. Fuji is (　　　) than any other mountain in Japan.

(2) My brother went to Kyoto. He is not here now.

He has (　　　) to Kyoto.

(3) Perhaps she will come tomorrow.

She (　　　) come tomorrow.

(4) John plays baseball well.

John is good at (　　　) baseball.

(5) My sister isn't old enough to drive a car.

My sister is (　　　) young to drive a car.

Ⅴ　次の各組の上の文の[　　　]に指定された文になるように，下の文の(　　　)内に適語を1語答えなさい。

(1) Korean music is interesting to me. [受動態の文に]
I am (　　　) in Korean music.

(2) She has already watched the movie. [否定文に]
She hasn't watched the movie (　　　).

(3) You are late for school. [否定の命令文に]
(　　　) be late for school.

(4) The girl was an American student.
She spoke to me in English. [that以外の関係代名詞を使って1つの文に]
The girl (　　　) spoke to me in English was an American student.

(5) Bob helps John. John helps Bob, too. [ほぼ同じ内容の文に]
Bob and John help (　　　) other.

Ⅵ　次のC－Dの関係が，A－Bと同じ関係になるように,(　　　)内に適語を1語答えなさい。

	A	B	C	D
(1)	walk	walking	come	(　　　)
(2)	cat	animal	apple	(　　　)
(3)	Japan	Japanese	France	(　　　)
(4)	one	first	three	(　　　)
(5)	hot	cold	strong	(　　　)

Ⅶ　次の各文の(　　　)内から適切な前置詞を選び記号で答えなさい。

(1) Thank you (ア for　イ in　ウ to) your nice present.
(2) I couldn't hear what they are talking (ア from　イ into　ウ about).
(3) Jane is looking forward (ア with　イ to　ウ for) visiting Tokyo.
(4) This bridge is made (ア of　イ from　ウ into) stone.
(5) Do you sometimes listen (ア in　イ on　ウ to) classical music?

Ⅷ　次の各文の(　　　)内に適する語を右のア～オから選び記号で答えなさい。

(1) How (　　　) does it take to get there?
(2) How (　　　) languages does she speak?
(3) How (　　　) do you go shopping?
(4) How (　　　) money do you have?
(5) How (　　　) is it from here to the supermarket?

ア far
イ much
ウ many
エ long
オ often

Ⅸ　次の各問いのア～エから，下線部の発音が左の見出し語の下線部の発音と同じものを1つ選び記号で答えなさい。

(1) cool　:　ア foot　イ roof　ウ look　エ wood
(2) says　:　ア many　イ people　ウ feet　エ mail
(3) month　:　ア with　イ thirty　ウ these　エ that

(4) caps　：　ア boys　イ letters　ウ parks　エ dogs

(5) cleaned　：　ア called　イ asked　ウ started　エ stopped

34 メズラしい切手を集める。

35 神仏にイノる。

36 オドロくべき発見をする。

37 スルドい質問をする。

38 注意をオコタる。

39 ビタミンをフクむ食品。

40 久しぶりの再会に話がハズむ。

【三】 次の各問のア、イの――線をつけたカタカナは同訓異義語です。正しい漢字になおして書きなさい。

1 ア 日カゲを好む植物。
　イ 窓に人カゲがうつる。

2 ア 過去をカエリみる。
　イ 自分自身をカエリみる。

3 ア かたきをウつ。
　イ 鉄砲をウつ。

4 ア 絵の具をトく。
　イ こんこんと道理をトく。

5 ア リズムに合わせてオドる。
　イ 胸がオドる出来事。

【四】 次の（　）に合う適切な漢字を左の語群から選び、四字熟語を完成しなさい。答えは記号で書きなさい。

1 試行（　）誤　　2 （　）喜乱舞

3 新（　）代謝　　4 悪口（　）言

5 無病息（　）

（語群）ア 歓　イ 災　ウ 錯　エ 才
　オ 策　カ 雑　キ 暴　ク 旧
　ケ 陳　コ 狂

【五】 左の語群のひらがなを漢字になおして（　）に入れ、対義語を作りなさい。

1 加入 ↔ （　）退　　2 音読 ↔ （　）読

3 起床 ↔ 就（　）　　4 急性 ↔ （　）性

5 経度 ↔ （　）度

（語群）り・しん・いん・まん・かつ
　い・こん・はん・もく・だっ

【国　語】（四〇分）〈満点：一〇〇点〉

【一】次の語の漢字の読みをひらがなで書きなさい。

1 山岳　2 楼閣　3 欠如　4 侍女
5 迷子　6 抜粋　7 波浪　8 誇張
9 凡例　10 択一　11 竹刀　12 行方
13 浴衣　14 模倣　15 掃除　16 将棋
17 概念　18 緩和　19 裸眼　20 稲穂
21 詠嘆　22 承諾　23 軌道　24 寿命
25 殊に　26 潤む　27 搾る　28 削る
29 隔てる　30 乏しい　31 透ける　32 惑う
33 雇う　34 湿る　35 粗い　36 更ける
37 掲げる　38 縫う　39 凝る　40 施す

【二】次の――線部のカタカナを漢字になおして書きなさい。

1 カサクに入賞する。
2 リンセツする家々。
3 多くのテンポが並ぶ駅前。
4 カラクサ模様の布地。
5 子孫のハンエイを願う。
6 国家のイシズエをきずく。
7 シンセンな野菜を食べる。
8 ゲンコウ用紙に書く。
9 メイヨある賞をいただく。
10 細かいところまでハイリョする。
11 新聞にコラムをレンサイする。
12 ジッキョウ中継を見る。
13 スイテキが光る。
14 スカートのタケをつめる。
15 フウトウを開ける。
16 練習の成果をヒロウする。
17 文章のボウトウを暗唱する。
18 今年のホウフを考える。
19 ユウダイな景色。
20 ビンカンに反応する。
21 何種類ものコウシン料を入れる。
22 シガイ線を防ぐ。
23 ゴカクの戦いをする。
24 キョウレツな印象を残す。
25 卒業証書をジュヨする。
26 税金をメンジョされる。
27 グウゼンの一致。
28 過ちをイマシめる。
29 洗濯物をカワかす。
30 若者の減少で町がサビれる。
31 桜の開花がオクれる。
32 クモりガラスの向こう側。
33 部屋に布団をシく。

【作　文】（三〇分）

【課題】「自分は成長したな」と感じること

①原稿用紙のわくの中には課題・氏名を記入しないこと。
②本文（課題・氏名を除く）は句読点を含めて三百字以内にまとめること。
③漢字はかい書で正しく書くこと。
④必ずこの提出用の用紙に清書して提出すること。

《提出用》

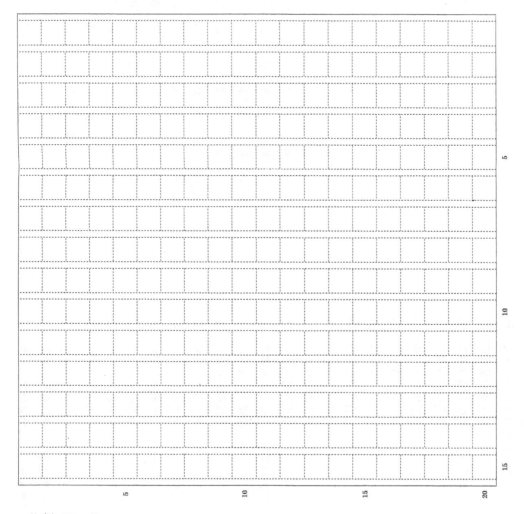

●2020年度　推薦 問題　解答●

《配点は解答欄に掲載してあります。》

＜数学解答＞

1　3　　2　$\frac{1}{4}$　　3　$-3\sqrt{3}$　　4　$4x^2-20x+25$　　5　$(x-7)(x+6)$　　6　$x=2,\ y=-3$

7　$x=3\pm2\sqrt{2}$　　8　$\frac{3}{8}$　　9　$x=4$　　10　$x=5\sqrt{3}$

○推定配点○

各2点×10　　計20点

＜英語解答＞

(1)　イ　(2)　ア　(3)　ウ　(4)　イ　(5)　ア　(6)　ア　(7)　ウ　(8)　イ

(9)　ウ　(10)　イ　(11)　will　(12)　what　(13)　going　(14)　younger

(15)　spoken

○推定配点○

各2点×15　　計30点

＜国語解答＞

一　①　しゅくえん　②　がいよう　③　あざむ(く)　④　けいやく　⑤　かんだか(い)

⑥　かいさい　⑦　しつど　⑧　けっしょう　⑨　ぞうすい　⑩　しんせい

⑪　おんびん　⑫　きろ　⑬　こ(らす)　⑭　かくご　⑮　あわ(てる)　⑯　ふくし

⑰　ちょうじゅ　⑱　の(びる)　⑲　じゅんすい　⑳　きた(える)

二　①　樹立　②　延期　③　拡張　④　改善　⑤　簡単　⑥　推理　⑦　投票

⑧　展覧　⑨　収集　⑩　演奏

三　①　エ　②　ア　③　オ

四　A　①　イ　A　②　オ　B　①　エ　B　②　ウ

五　①　除　②　熟　③　黙

○推定配点○

各1点×40　　計40点

一般

2020年度

解　答　と　解　説

《2020年度の配点は解答欄に掲載してあります。》

＜数学解答＞

【1】 (1) -130　(2) 26　(3) $-\frac{2}{3}$　(4) 12　(5) $8x^3y$　(6) $3\sqrt{7}$
(7) $4x^2-8x-5$　(8) $3m(a+2b-3c)$　(9) $x=-3,\ 8$　(10) $x=3,\ y=4$

【2】 (1) 12　(2) 4分　(3) $x(12-x)\mathrm{cm}^2$　(4) $18\pi\mathrm{cm}^2$　(5) $\angle x=45$度
(6) $x=6$

【3】 (1) ① 24通り　② $\frac{1}{12}$　③ $\frac{1}{4}$　(2) ① 60.2g　② 60g　③ 59g

【4】 (1) $18\mathrm{cm}^2$　(2) $6\sqrt{2}\mathrm{cm}$　(3) $36\mathrm{cm}^3$　(4) $18\sqrt{3}\mathrm{cm}^2$

【5】 (1) $a=\frac{1}{4}$　(2) $y=3x+4$　(3) $y=-3x+7$　(4) 1.5

○推定配点○

【1】 各3点×10　【2】 各4点×6　【3】 各3点×6　【4】 各4点×4　【5】 各3点×4
計100点

＜数学解説＞

基本 【1】 (正負の数，単項式の除法，平方根，式の展開，因数分解，2次方程式，連立方程式)

(1) $26-13\times12=26-156=-130$

(2) $\left(\frac{4}{7}+\frac{2}{3}\right)\times21=\frac{4}{7}\times21+\frac{2}{3}\times21=12+14=26$

(3) $(-2)^3\div(3\times2^2)=-8\div(3\times4)=-\frac{8}{3\times4}=-\frac{2}{3}$

(4) $\frac{3}{2}\div0.5\times16\times0.25=\frac{3}{2}\times\frac{2}{1}\times\frac{16}{1}\times\frac{1}{4}=12$

(5) $-4xy^3\times6x^2\div(-3y^2)=\frac{4xy^3\times6x^2}{3y^2}=8x^3y$

(6) $\frac{7}{\sqrt{7}}+\sqrt{28}=\frac{7\times\sqrt{7}}{\sqrt{7}\times\sqrt{7}}+\sqrt{4\times7}=\sqrt{7}+2\sqrt{7}=3\sqrt{7}$

(7) $(2x-5)(2x+1)=2x\times2x+2x\times1-5\times2x-5\times1=4x^2-8x-5$

(8) $3ma+6mb-9mc=3m(a+2b-3c)$

(9) $x^2-5x-24=0$　$(x+3)(x-8)=0$　$x=-3,\ 8$

(10) $x+y=7\cdots$①，$2x-y=2\cdots$②　①＋②より，$3x=9$　$x=3$　これを①に代入して，$3+y=7$　$y=4$

【2】 (式の値，速さ，文字と式，平面図形，角度)

基本 (1) $8a^2b^2\div(-4ab)=-\frac{8a^2b^2}{4ab}=-2ab=-2\times2\times(-3)=12$

(2) 池の周りの長さを1とすると，Aの速さは分速$\frac{1}{6}$，Bの速さは分速$\frac{1}{12}$と表せる。t分後にすれ違うとすると，$\frac{1}{6}t+\frac{1}{12}t=1$　$2t+t=12$　$3t=12$　$t=4$(分)

基本 (3)　縦の長さは，$24\div2-x=12-x$(cm)だから，面積は，$x(12-x)$cm^2

基本 (4)　大円の半径は6cm，小円の半径は3cmだから，求める部分の面積は，$\pi\times6^2-\pi\times3^2\times2=36\pi-18\pi=18\pi$(cm^2)

基本 (5)　$\angle x=180^\circ-70^\circ-45^\circ-20^\circ=45^\circ$

重要 (6)　直線CBとDEとの交点をGとする。△AEDと△BEGにおいて，AE＝BE　対頂角だから，∠AED＝∠BEG　平行線の錯角は等しいから，∠DAE＝∠GBE　1組の辺とその両端の角がそれぞれ等しいから，△AED≡△BEG　よって，DE＝GE，AD＝BG　△DGCにおいて，中点連結定理より，EF＝$\frac{1}{2}$GC　$10=\frac{1}{2}(x+14)$　$20=x+14$　$x=6$

基本 【3】（確率，資料の整理）

(1)　①　班長，副班長，書記の順に選ぶとすると，その選び方は全部で，$4\times3\times2=24$(通り)

②　Bが班長，Cが副班長のとき，書記はAまたはDの2通りの選び方があるから，求める確率は，$\frac{2}{24}=\frac{1}{12}$

③　B，C，Dの3人が役につく場合の数は，$3\times2\times1=6$(通り)だから，求める確率は，$\frac{6}{24}=\frac{1}{4}$

(2)　①　$(59+60+61+57+60+62+59+64+61+59)\div10=602\div10=60.2$(g)

②　重さの軽い順に並べると，57，59，59，59，60，60，61，61，62，64であるから，中央値は，5番目と6番目の平均で60g。

③　最頻値は，最も度数の大きい重さであるから59g。

【4】（空間図形の計量）

基本 (1)　△BFG＝$\frac{1}{2}$×BF×FG＝$\frac{1}{2}\times6\times6=18$(cm^2)

基本 (2)　BG＝$\sqrt{\mathrm{BF}^2+\mathrm{FG}^2}=\sqrt{6^2+6^2}=6\sqrt{2}$(cm)

基本 (3)　三角錐CBGD＝$\frac{1}{3}$×△BCD×CG＝$\frac{1}{3}\times18\times6=36$(cm^3)

重要 (4)　△BDGは1辺の長さがBG＝$6\sqrt{2}$ cmの正三角形である。1辺の長さがaの正三角形の高さは，$\frac{\sqrt{3}}{2}a$で表されるから，△BDG＝$\frac{1}{2}\times6\sqrt{2}\times\left(\frac{\sqrt{3}}{2}\times6\sqrt{2}\right)=18\sqrt{3}$(cm^2)

【5】（図形と関数・グラフの融合問題）

基本 (1)　点Bのx座標は点Aのx座標に等しくて2　$y=x^2$に$x=-1$を代入して，$y=(-1)^2=1$　よって，C$(-1,\ 1)$　点Bのy座標は点Cのy座標に等しくて1　よって，B$(2,\ 1)$　点Bは$y=ax^2$上の点だから，$1=a\times2^2$　$a=\frac{1}{4}$

基本 (2)　$y=x^2$に$x=2$を代入して，$y=2^2=4$　よって，A$(2,\ 4)$，D$(0,\ 4)$　直線CDの式を$y=bx+4$とすると，点Cを通るから，$1=b\times(-1)+4$　$b=3$　よって，$y=3x+4$

重要 (3)　線分ADの中点をMとすると，M$(1,\ 4)$　このとき，AM＝MDだから，△AMB＝△DMBとなる。直線BMの式を$y=cx+d$とすると，2点B，Mを通るから，$1=2c+d$，$4=c+d$　この連立方程式を解いて，$c=-3$，$d=7$　よって，$y=-3x+7$

重要 (4)　AE＝CEだから，△ADE＝△CDE　よって，△CDE＝$\frac{1}{2}$△ADC＝$\frac{1}{2}\times\frac{1}{2}\times2\times(4-1)=1.5$

★ワンポイントアドバイス★

出題傾向，難易度とも安定している。基礎をしっかり固めて，弱点分野をつくらないようにしておこう。

＜英語解答＞

Ⅰ	(1) last	(2) イ	(3) ウ	(4) オ	(5) ア	(6) ア	(7) more
	(8) so	(9) better	(10) ウ				
Ⅱ	(1) buy	(2) flew	(3) done	(4) sang	(5) feel		
Ⅲ	(1) イ	(2) ア	(3) ウ	(4) ア	(5) イ		
Ⅳ	(1) higher	(2) gone	(3) may	(4) playing	(5) too		
Ⅴ	(1) interested	(2) yet	(3) Don’t	(4) who	(5) each		
Ⅵ	(1) coming	(2) fruit	(3) French	(4) third	(5) weak		
Ⅶ	(1) ア	(2) ウ	(3) イ	(4) ア	(5) ウ		
Ⅷ	(1) エ	(2) ウ	(3) オ	(4) イ	(5) ア		
Ⅸ	(1) イ	(2) ア	(3) イ	(4) ウ	(5) ア		

○推定配点○

各2点×50　　計100点

＜英語解説＞

Ⅰ　**(長文読解・物語文：語句補充，内容吟味，語句整序)**

(大意)　ジョーンズさんは誰にも決して愛想がよくなかった。彼は決して笑ったり微笑んだりしなかった。だから，彼の家族は幸せではなく，彼が勤める店の店主は彼を好きではなかった。ついに，彼は彼の仕事を失った。数日後，ジョーンズさんは駐車場の門へ行って「ここで働いても良いですか」と言った。「②はい」と門の男性は言った。「運転手からお金を受け取るための別の男性を私たちは必要としているのです」「私がその仕事を引き受けましょう」とジョーンズさんは微笑むことなく言った。「④あなたが忘れてはいけないことが1つあります」と男性は言った。「あなたがお金を受け取るとき，『ありがとう』と言わなくてはなりません」「ありがとう」とジョーンズさんは叫んだ。「私がなぜ彼らに感謝しなくてはならないのですか。運転手が私に『ありがとう』と言うべきです」「もしあなたが仕事を欲しいのなら，それを言わなくてはなりません」と男性は言った。翌日，ジョーンズさんは彼の新しい仕事を始めた。最初の車がやって来ると，運転手は彼にお金を渡した。ジョーンズさんにとって「ありがとう」と言うことはとても⑤難しかったので，とても小さな声でその言葉を言った。運転手はそれを聞くと微笑んだ。別の運転手が来て，⑥ジョーンズさんは同じことをした。また，運転手は微笑んだ。それから，ジョーンズさんは運転手からの微笑みを期待し始めた。その日に，彼は100回⑦より多くそれを言った。その日の仕事の後，彼は家へ帰った。彼の妻が扉を開けた。「ありがとう」と彼は言った。彼の幼い息子が彼の所へやって来た。「ありがとう」と彼はとても微笑んで言った。⑧ジョーンズ夫人はとても驚いて，最寄りの椅子にしりもちをついてしまった。「私の新しい仕事は私が今までにしたどんな仕事よりも⑨良いね」と彼は彼の妻に言った。「それは私をとても変えている」

(1)　at last「ついに」

(2)「はい，よいです。私たちにはあなたのための仕事があります」　下線部②は「ここで働いても良いですか」(第2段落第1文)という質問に対する答えである。

(3)　第1段落第2文参照。

やや難　(4)　There's one thing you mustn't forget(,) 関係代名詞 which を省略した文。there's one thing と you mustn't forget it をつなげた文を作る。it が which に代わり，省略されている。

(5)「私がなぜ彼らに感謝しなくてはならないのですか」(第2段落第8文)と言っていることから，ジョーンズさんは「ありがとう」と言いたくないのだと判断できる。

(6)　ア「ジョーンズさんはとても小さな声で『ありがとう』と言った」(○)　下線部⑥の直前でジョーンズさんがしたことは「とても小さな声で」「『ありがとう』ということ」(下線部⑥の直前の2文目)ある。　イ「ジョーンズさんは全ての運転手に微笑み始めた」(×)　ウ「ジョーンズさんは運転手から『ありがとう』と聞いた」(×)

(7)　than があることから比較級を使った文だとわかる。比較の文は〈形容詞[副詞]の比較級＋than ～〉の形。many の比較級は more である。

(8)〈so＋形容詞[副詞]＋that ～〉で「とても(形容詞[副詞])なので～」の意味。

(9)　than があることから比較級を使った文だとわかる。比較の文は〈形容詞[副詞]の比較級＋than ～〉の形。good の比較級は better である。

(10)　ア「彼の仕事を失った男」(×)　イ「ジョーンズさんと彼の家族」(×)　ウ「『ありがとう』によって変えられた男」(○)　題名は筆者の最も言いたいことを表し，筆者の主張は文の始めや終わりの部分にかかれることが多い。最終段落にジョーンズさんは，「新しい仕事」は「ありがとう」と言うことで「私をとても変えている」，と言っている。

基本　Ⅱ　(語彙)

(1)　buy－bought－bought

(2)　fly－flew－flown

(3)　do－did－done

(4)　sing－sang－sung

(5)　feel－felt－felt

Ⅲ　(語句補充：比較，現在完了，前置詞，関係代名詞，命令文)

(1)　larger などの比較級の形容詞・副詞を強調する場合には much を使う。

(2)　文頭に have があることから現在完了の文であるとわかる。現在完了は〈have[has]＋動詞の過去分詞形〉の形。see の過去分詞形は seen である。

(3)〈on＋曜日〉「～曜日に」

(4)　it stands on the hill が the building を修飾する，関係代名詞を使った文になる。先行詞が the building なので文法上は関係代名詞 which も使えるが，選択肢には that しかないので that を使う。

重要　(5)〈命令文, and ～〉は「～しなさい，そうすれば～」，〈命令文, or ～〉は「～しなさい，さもないと～」という意味。ここでは or ではなく and を使うのが適切。

Ⅳ　(書き換え：比較，現在完了，助動詞，語い，不定詞)

(1)　最上級の文「1番～だ」から〈比較級＋than any other＋名詞の単数形〉「他のどの…よりも～だ」への書き換え。higher は high の比較級。

(2)「私の兄は京都へ行った。彼は今ここにいない」という「今は～ない」ということを強調した文から，〈have [has]＋動詞の過去分詞形〉の形をとる現在完了の結果の用法への書き換え。

have[has] gone to ~「~へ行ってしまった(ので今はここにいない)」

(3) 「ひょっとしたら来るだろう」, つまり「来るかもしれない」のである。may「~かもしれない」

(4) 「上手に—する」の意味の — well から be good at -ing への書き換え。

(5) not A enough to ~「~するのに十分Aではない」を too B to ~「Bすぎて~できない」に書き換えるときは, AとBには反対の意味を持つ語を用いる。

Ⅴ (語句補充:受動態, 現在完了, 命令文, 関係代名詞, 語い)

(1) 能動態から「~される」の意味の受動態〈be動詞+動詞の過去分詞形〉への書き換え。interested は interest の過去分詞形。

(2) 〈have [has]+動詞の過去分詞形〉の形をとる, 現在完了の完了用法の文。already「すでに[もう]」は動詞の直前に置いて平叙文で, yet「まだ[もう]」は文尾に置いて否定・疑問文で使う。

(3) 「~するな」の意味の命令文は〈Don't +動詞の原形〉の形。

(4) 関係代名詞を用いて2つの文をつなげた文を作る。she は girl を指すから, 先行詞は girl「少女」である。主格の人が先行詞のときは関係代名詞 who を用いる。

(5) each other「お互いに」

Ⅵ (語彙)

(1) walk「歩く」の ing 形は walkingで, come「来る」の ing形は coming である。

(2) cat「ネコ」は animal「動物」の1種で, apple「リンゴ」は fruit「果実」の1種である。

(3) Japan「日本」の人は Japanese「日本人」で, France「フランス」の人は French「フランス人」である。

(4) one「1」の序数は first「第1の」で, three「3」の序数は third「第3の」である。

(5) hot「熱い」の対義語は cold「冷たい」で, strong「強い」の対義語は weak「弱い」である。

Ⅶ (語句補充:前置詞)

(1) thank you for ~「~してくれてありがとう」

(2) talk about ~「~について話す」

(3) look forward to ~「~を楽しみに待つ」

(4) be made of ~ で「~でできている」の意味。外見から何でできているか判断できる場合, 前置詞は of を使う。

(5) listen to ~「~を聞く」

Ⅷ (語句補充:疑問詞)

(1) 「どのくらい時間がかかりますか」 How long ~ ?「どのくらい」は物や時間の長さを尋ねるときに用いる。

(2) 「彼女はいくつの言語を話しますか」〈How many +名詞の複数形~ ?〉で物の数を尋ねる文になる。

(3) 「あなたはどのくらい買い物に行きますか」 How often ~ ? は頻度を尋ねる表現。

(4) 「あなたはどのくらいのお金を持っていますか」 How much ~ ? は物の量や値段を尋ねる言い方。

(5) 「ここからスーパーマーケットまでどのくらいですか」 How far ~ ?「どのくらい」は距離を尋ねるときに用いる。

Ⅸ （発音）

(1) 最初の語とイは [uː], ア・ウ・エは [u] と発音する。
(2) 最初の語とアは [e], イ・ウ・エは [iː] と発音する。
(3) 最初の語とイは [θ], ア・ウ・エは [ð] と発音する。
(4) 最初の語とウは [s], ア・イ・エは [z] と発音する。
(5) 最初の語とアは [d], イ・ウ・エは [t] と発音する。

★ワンポイントアドバイス★

熟語などに使われる前置詞や動詞の語形変化を伴う単元はしっかりと復習しておくことが大切だ。様々な選択肢を見ても迷わないように，確実に身につけよう。

＜国語解答＞

【一】 1 さんがく　2 ろうかく　3 けつじょ　4 じじょ　5 まいご
6 ばっすい　7 はろう　8 こちょう　9 はんれい　10 たくいつ
11 しない　12 ゆくえ　13 ゆかた　14 もほう　15 そうじ
16 しょうぎ　17 がいねん　18 かんわ　19 らがん　20 いなほ
21 えいたん　22 しょうだく　23 きどう　24 じゅみょう　25 こと(に)
26 うる(む)　27 しぼ(る)　28 けず(る)　29 へだ(てる)　30 とぼ(しい)
31 す(ける)　32 まど(う)　33 やと(う)　34 しめ(る)　35 あら(い)
36 ふ(ける)　37 かか(げる)　38 ぬ(う)　39 こ(る)　40 ほどこ(す)

【二】 1 佳作　2 隣接　3 店舗　4 唐草　5 繁栄　6 礎　7 新鮮
8 原稿　9 名誉　10 配慮　11 連載　12 実況　13 水滴　14 丈
15 封筒　16 披露　17 冒頭　18 抱負　19 雄大　20 敏感
21 香辛　22 紫外　23 互角　24 強烈　25 授与　26 免除
27 偶然　28 戒(める)　29 乾(かす)　30 寂(れる)　31 遅(れる)
32 曇(り)　33 敷(く)　34 珍(しい)　35 祈(る)　36 驚(く)
37 鋭(い)　38 怠(る)　39 含(む)　40 弾(む)

【三】 1 ア 陰　イ 影　2 ア 顧みる　イ 省みる　3 ア 討つ　イ 撃つ
4 ア 溶く　イ 説く　5 ア 踊る　イ 躍る

【四】 1 ウ　2 コ　3 ケ　4 カ　5 イ

【五】 1 脱　2 黙　3 寝　4 慢　5 緯

○推定配点○

各1点×100　　計100点

＜国語解説＞

やや難 【一】 （漢字の読み）

1 「岳」を使った熟語はほかに「岳人」「岳父」など。訓読みは「たけ」。 2 「楼閣」は，高い建物，高殿，という意味。「楼」を使った熟語はほかに「鐘楼」「摩天楼」など。 3 「如」を使った熟語はほかに「突如」「躍如」など。音読みはほかに「ニョ」。訓読みは「ごと(し)」。　4 「侍」を使った熟語はほかに「侍医」「侍従」など。訓読みは「さむらい」「はべ(る)」。　5 「迷子(まいご)」は熟字訓。「迷」の訓読みは「まよ(う)」。音読みは「メイ」。熟語は「迷路」「迷惑」など。6 「粋」を使った熟語はほかに「生粋」「純粋」など。訓読みは「いき」。　7 「浪」を使った熟語はほかに「放浪」「流浪」など。訓読みは「なみ」。　8 「誇」を使った熟語はほかに「誇示」「誇大」など。訓読みは「ほこ(る)」。　9 「凡」の音読みはほかに「ボン」。熟語は「凡庸」「平凡」など。訓読みは「およ(そ)」。　10 「択」を使った熟語はほかに「選択」「採択」など。　11 「竹刀(しない)」は熟字訓。剣道で使う竹製の刀。　12 「行方(ゆくえ)」は熟字訓。「行」の音読みは「ギョウ」「コウ」「アン」。訓読みは「い(く)」「ゆ(く)」「おこな(う)」。　13 「浴衣」は熟字訓。「浴」の音読みは「ヨク」。熟語は「浴室」「入浴」など。訓読みは「あび(せる)」「あび(る)」。14 「模倣」は，まねすること。「摸」の音読みは「モ」「ボ」。熟語はほかに「模型」「規模」など。15 「掃」を使った熟語はほかに「一掃」「清掃」など。訓読みは「は(く)」。　16 「棋」を使った熟語はほかに「棋士」「棋譜」など。　17 「概」を使った熟語はほかに「概算」「概略」など。訓読みは「おおむ(ね)」。　18 「緩」を使った熟語はほかに「緩急」「緩衝」など。訓読みは「ゆる(い)」「ゆる(む)」「ゆる(める)」「ゆる(やか)」。　19 「裸眼」は，めがねやコンタクトレンズなどを使わないときの目。またはその視力。「裸」の訓読みは「はだか」。　20 「稲」を使った熟語はほかに「稲妻」「稲荷」など。訓読みはほかに「いね」。音読みは「トウ」。　21 「詠」を使った熟語はほかに「吟詠」「朗詠」など。訓読みは「よ(む)」。　22 「承」を使った熟語はほかに「承認」「了承」など。訓読みは「うけたまわ(る)」。　23 「軌」を使った熟語はほかに「軌跡」「常軌」など。　24 「寿」を使った熟語はほかに「長寿」「天寿」など。訓読みは「ことぶき」。　25 「殊」の音読みは「シュ」。熟語は「殊勝」「特殊」など。　26 「潤」の訓読みは「うるお(う)」「うるお(す)」「うる(む)」。音読みは「ジュン」。熟語は「潤滑油」「潤沢」など。　27 「搾」の音読みは「サク」。熟語は「搾乳」「圧搾」など。　28 「削」の音読みは「サク」。熟語は「削除」「添削」など。　29 「隔」の訓読みは「へだ(たる)」「へだ(てる)」。音読みは「カク」。熟語は「間隔」「遠隔」など。　30 「乏」の音読みは「ボウ」。熟語は「窮乏」「欠乏」など。　31 「透」の訓読みは「す(かす)」「す(く)」「す(ける)」。音読みは「トウ」。熟語は「透明」「透徹」など。　32 「惑」の音読みは「ワク」。熟語は「惑星」「疑惑」など。　33 「雇」の音読みは「コ」。熟語は「雇用」「解雇」など。　34 「湿」の訓読みは「しめ(す)」「しめ(る)」。音読みは「シツ」。熟語は「湿潤」「湿度」など。　35 「粗」の音読みは「ソ」。熟語は「粗雑」「粗末」など。　36 「更」の訓読みは「さら」「ふ(かす)」「ふ(ける)」。音読みは「コウ」。熟語は「更新」「更迭」など。　37 「掲」の音読みは「ケイ」。熟語は「掲載」「掲示」など。　38 「縫」の音読みは「ホウ」。熟語は「縫製」「裁縫」など。　39 「凝」の訓読みは「こ(る)」「こ(らす)」。音読みは「ギョウ」。熟語は「凝視」「凝縮」など。　40 「施」の音読みは「シ」「セ」。熟語は「施策」「施錠」など。

【二】 (漢字の書き取り)

1 「佳」を使った熟語はほかに「佳人」「絶佳」など。訓読みは「よ(い)」。　2 「隣」を使った熟語はほかに「隣人」「近隣」など。訓読みは「となり」「とな(る)」。　3 「舗」を使った熟語はほかに「舗装」「舗道」など。「老舗(しにせ)」という読み方もある。　4 「唐」を使った熟語はほかに「唐傘」「唐紙」など。音読みは「トウ」。熟語は「唐突」「荒唐無稽」など。　5 「繁」を使った熟語はほかに「繁盛」「繁忙」など。訓読みは「しげ(る)」。　6 「礎」の音読みは「ソ」。熟語は「礎石」「基礎」など。　7 「鮮」を使った熟語はほかに「鮮明」「鮮烈」など。訓読みは「あざ(やか)」。　8 「稿」を使った熟語はほかに「寄稿」「投稿」など。　9 「誉」を使った熟語はほかに「栄誉」など。訓読みは「ほまれ」。　10 「慮」を使った熟語はほかに「遠慮」「思慮」など。

訓読みは「おもんぱか(る)」。　11 「載」を使った熟語はほかに「掲載」「記載」など。訓読みは「の(せる)」「の(る)」。　12 「況」を使った熟語はほかに「近況」「状況」など。　13 「滴」を使った熟語はほかに「雨滴」「点滴」など。訓読みは「しずく」「したた(る)」。　14 「丈」の音読みは「ジョウ」。熟語は「丈夫」「気丈」など。　15 「封」を使った熟語はほかに「封入」「密封」など。音読みはほかに「ホウ」。熟語は「封建」。　16 「披」を使った熟語はほかに「披見」「披瀝」など。　17 「冒」を使った熟語はほかに「冒険」「感冒」など。訓読みは「おか(す)」。　18 「抱」を使った熟語はほかに「介抱」「辛抱」など。訓読みは「いだ(く)」「かか(える)」「だ(く)」。
19 「雄」を使った熟語はほかに「雄弁」「英雄」など。訓読みは「お」「おす」。　20 「敏」を使った熟語はほかに「敏腕」「鋭敏」など。訓読みは「さと(い)」。　21 「香」を使った熟語はほかに「香水」「香料」など。音読みはほかに「キョウ」。訓読みは「か」「かお(り)」「かお(る)」。
22 「紫」を使った熟語はほかに「紫煙」「紫雲」など。訓読みは「むらさき」。　23 「互」を使った熟語はほかに「互選」「交互」など。訓読みは「たが(い)」。　24 「烈」を使った熟語はほかに「熱烈」「猛烈」など。訓読みは「はげ(しい)」。　25 「授」を使った熟語はほかに「授業」「授賞」など。訓読みは「さず(かる)」「さず(ける)」。　26 「免」を使った熟語はほかに「免疫」「免状」など。訓読みは「まぬか(れる)」。　27 「偶」を使った熟語はほかに「偶数」「偶像」など。
28 「戒」の音読みは「カイ」。熟語は「戒厳令」「戒律」など。　29 「乾」の訓読みは「かわ(かす)」「かわ(く)」。音読みは「カン」「ケン」。熟語は「乾燥」「乾電池」など。　30 「寂」の訓読みは「さび」「さび(しい)」「さび(れる)」。音読みは「ジャク」。熟語は「閑寂」「静寂」など。
31 「遅」の訓読みは「おく(れる)」「おく(らす)」「おそ(い)」。音読みは「チ」。熟語は「遅刻」「遅延」など。　32 「曇」の訓読みは「くも(る)」。音読みは「ドン」。熟語は「曇天」など。
33 「敷」を使った熟語は「敷地」「座敷」など。音読みは「フ」。熟語は「敷設」など。　34 「珍」の音読みは「チン」。熟語は「珍獣」「珍妙」など。　35 「祈」の音読みは「キ」。熟語は「祈願」「祈念」など。　36 「驚」の音読みは「キョウ」。熟語は「驚異」「驚天動地」など。　37 「鋭」の音読みは「エイ」。「鋭敏」「鋭意」など。　38 「怠」の訓読みは「おこた(る)」「なま(ける)」。音読みは「タイ」。熟語は「怠惰」「怠慢」など。　39 「含」の訓読みは「ふく(む)」「ふく(める)」。音読みは「ガン」。熟語は「含有」「含蓄」など。　40 「弾」の訓読みは「たま」「はず(む)」「ひ(く)」「はじ(く)」。音読みは「ダン」。熟語は「弾圧」「糾弾」など。

やや難【三】 (同訓異義語)

1 「陰」は，物にさえぎられて，光線の当たらない場所，という意味。「日陰」「木陰」「陰干し」などと使われる。「影」は，物体が物をさえぎったときにできる，その物体の形をした暗い像のこと。「影」は，「影が薄い」「影も形もない」「影をひそめる」などと使われる。　2 「顧みる」は，振り向いて後ろを見る，過ぎ去ったことを思い起こして考える，気にかける，という意味。「省みる」は，自分の行動などを，振り返ってよく考えること，反省する，という意味。　3 「討つ」は，刀などを使って人を切る，攻める，という意味で，「宿敵を討つ」「討ち入り」などと使われる。「撃つ」は，弾丸を発射する，射撃する，という意味で「銃を撃つ」「迎え撃つ」などと使われる。
4 「溶く」は，固まっているものを液状にする，という意味。「説く」は，道理や筋道を明らかにしながら話して聞かせる，という意味。　5 「踊る」は，歌や音楽に合わせて体を動かし，美しい身振りをする，という意味。「躍る」には，喜びや期待のためにどきどきする，わくわくする，という意味がある。

【四】 (四字熟語)

1 「試行錯誤」は，一度失敗しても，また別の方法で何度も繰り返し，適切な方法と結果を得ること。　2 「狂喜乱舞」は，ひじょうに喜んでいる様子。　3 「新陳代謝」は，新しいものが，古いものと交代して入れ替わること。 4 「悪口雑言」は，口ぎたなくあれこれと，出る限りの悪口を言うこと。また，その悪口のこと。 5 「無病息災」は，病気をしないで健康なこと。

【五】（対義語）

1 「加入」は，団体や組織などに加わること。「脱退」は，属していた団体や組織をやめること。 2 「音読」は，文章を声に出して読むこと。「黙読」は，声を出さずに読むこと。 3 「起床」は，目を覚まして寝床から起き出ること。「就寝」は，寝床に入って寝ること。 4 「急性」は，急に発病し，病状が急激に進行する病気の性質。「慢性」は，急激な変化はないが，長引いてなかなか治らない病気の状態。 5 「経度」は，地球の表面を東西に180度に分けた位置。「緯度」は，地球上のある地点と地球の中心を結ぶ直線が赤道面となす角度。

★ワンポイントアドバイス★

漢字の読み書きは，難しいものも含まれることが特徴なので，深い知識を蓄えておこう！ 同音異義語や四字熟語，対義語など，漢字に関する知識を幅広く身につけておこう！

重要 〈作文について〉

課題は「『自分は成長したな』と感じること」というものなので，中学校での部活動や受験勉強などの経験を通して自らの成長を実感したエピソードを入れて内容を構成しよう。経験談を示した上で，そこから何を得て，どう考えたかを明示し，最後に「成長」というキーワードと結びつけてまとめる，という形で書き進めるとよいだろう。

解答用紙集

○月×日 △曜日 天気（合格日和）

◆ご利用のみなさまへ

＊解答用紙の公表を行っていない学校につきましては、弊社の責任において、解答用紙を制作いたしました。

＊編集上の理由により一部縮小掲載した解答用紙がございます。

＊編集上の理由により一部実物と異なる形式の解答用紙がございます。

人間の最も偉大な力とは、その一番の弱点を克服したところから生まれてくるものである。 ──カール・ヒルティ──

東京学参株式会社

愛国高等学校(推薦)　2024年度

◇数学・英語・国語◇

※ 156％に拡大していただくと，解答欄は実物大になります。

数　学

1	
2	
3	
4	
5	
6	x ＝
7	
8	
9	cm³
10	cm

英　語

(1)	
(2)	
(3)	
(4)	
(5)	
(6)	
(7)	
(8)	
(9)	
(10)	
(11)	
(12)	
(13)	
(14)	
(15)	

国　語

一

①	たり	②		③		④		⑤	やか
⑥		⑦		⑧		⑨	る	⑩	す
⑪	える	⑫		⑬		⑭		⑮	しい
⑯		⑰		⑱		⑲	てる	⑳	う

二

①		②		③		④	う	⑤	しい
⑥		⑦		⑧	う	⑨	む	⑩	まぜる

三

①		②		③	

四

A①		A②		B①		B②	

五

①		②		③	

愛国高等学校(一般)　2024年度

◇数学◇

※ 139%に拡大していただくと，解答欄は実物大になります。

【1】

(1)	
(2)	
(3)	
(4)	
(5)	
(6)	
(7)	
(8)	
(9)	$x =$
(10)	$x =$　　，$y =$

【2】

(1)	$a =$
(2)	
(3)	
(4)	cm^2
(5)	$\angle x =$　　度
(6)	$x =$

【3】

(1)	①	
	②	
	③	
(2)	①	点
	②	点
	③	点

【4】

(1)	cm
(2)	度
(3)	cm^2
(4)	cm^3

【5】

(1)	①	(　　，　　)
	②	
(2)	(　　，　　)	
(3)	(　　，　　)	

愛国高等学校(一般)　　2024年度

◇英語◇

※ 130%に拡大していただくと，解答欄は実物大になります。

I

(1)	(2)			
①	②	④	⑤	⑥
(3)	(4)	(5)	(6)	
③	⑦ (　　　)(　　　)			

II

(1)	
(2)	
(3)	
(4)	
(5)	

III

(1)	
(2)	
(3)	
(4)	
(5)	

IV

(1)	
(2)	
(3)	
(4)	
(5)	

V

(1)	
(2)	
(3)	
(4)	
(5)	

VI

(1)	
(2)	
(3)	
(4)	
(5)	

VII

(1)	
(2)	
(3)	
(4)	
(5)	

VIII

(1)	
(2)	
(3)	
(4)	
(5)	

IX

(1)	
(2)	
(3)	
(4)	
(5)	

◇国語◇

愛国高等学校（一般）　２０２４年度

※１４５％に拡大していただくと、解答欄は実物大になります。

【一】

1	2	3	4	5	6	7	8
9	10	11	12	13	14	15	16
17	18	19	20	21	22	23	24
25 ら	26 む	27 いる	28 す	29 む	30 る	31 る	32 う
33 まる	34 える	35 く	36 う	37 り	38 う	39 む	40 る

【二】

1	2	3	4	5	6	7	8
9	10	11	12	13	14	15	16
17	18	19	20	21	22	23	24
25	26	27	28	29	30 れる	31 でる	32 う
33 く	34 る	35 い	36 る	37 らか	38 げる	39 う	40 いて

【三】

1 ア	2 ア める	3 ア	4 ア	5 ア
1 イ	2 イ める	3 イ	4 イ	5 イ

【四】

1	2	3	4	5

【五】

1	2	3	4	5

愛国高等学校(推薦)　2023年度

◇数学・英語・国語◇

※ 156%に拡大していただくと，解答欄は実物大になります。

数　学

1	
2	
3	
4	
5	
6	x =　　, y =
7	x =
8	
9	cm
10	cm

英　語

(1)	
(2)	
(3)	
(4)	
(5)	
(6)	
(7)	
(8)	
(9)	
(10)	
(11)	
(12)	
(13)	
(14)	
(15)	

国　語

一

①	⑥	⑪	⑯ む
②	⑦	⑫	⑰ み
③	⑧	⑬	⑱ い
④	⑨	⑭ む	⑲ める
⑤	⑩	⑮ る	⑳ える

二

①	⑥
②	⑦
③	⑧ げる
④	⑨ る
⑤ う	⑩

三

①
②
③

四

A①
A②
B①
B②

五

①
②
③

愛国高等学校(一般)　2023年度

◇数学◇

※ 139%に拡大していただくと，解答欄は実物大になります。

【1】

(1)	
(2)	
(3)	
(4)	
(5)	
(6)	
(7)	
(8)	
(9)	$x=$
(10)	$x=$　，$y=$

【2】

(1)	
(2)	
(3)	$x=$
(4)	cm^2
(5)	$\angle x=$　度
(6)	$x=$

【3】

(1)	①	
	②	
	③	
(2)	①	
	②	
	③	cm

【4】

(1)	
(2)	cm^2
(3)	cm^3
(4)	cm^2

【5】

(1)	
(2)	
(3)	(　，　)
(4)	

◇英語◇

※ 130%に拡大していただくと，解答欄は実物大になります。

I

(1)	(2)	(3)	(4)	(5)

(6)		(7)	(8)	(9)
a	b			

II

(1)	
(2)	
(3)	
(4)	
(5)	

III

(1)	
(2)	
(3)	
(4)	
(5)	

IV

(1)	
(2)	
(3)	
(4)	
(5)	

V

(1)	
(2)	
(3)	
(4)	
(5)	

VI

(1)	
(2)	
(3)	
(4)	
(5)	

VII

(1)	
(2)	
(3)	
(4)	
(5)	

VIII

(1)	
(2)	
(3)	
(4)	
(5)	

IX

(1)	
(2)	
(3)	
(4)	
(5)	

愛国高等学校（一般）　２０２３年度

※１４５％に拡大していただくと、解答欄は実物大になります。

◇国語◇

【一】

1	2	3	4	5	6	7	8
9	10	11	12	13	14	15	16
17	18	19	20	21	22	23	24
25 す	26 む	27 める	28 く	29 う	30 でる	31 れる	32 る
33 かる	34 ぶむ	35 る	36 がる	37 れる	38 う	39 う	40 く

【二】

1	2	3	4	5	6	7	8
9	10	11	12	13	14	15	16
17	18	19	20	21	22	23	24
25	26	27	28 やか	29	30 える	31 く	32 かい
33 む	34	35 る	36	37 く	38 り	39 いる	40 れる

【三】

1 ア	2 ア い	3 ア	4 ア る	5 ア
1 イ	2 イ い	3 イ	4 イ る	5 イ

【四】

1	2	3	4	5

【五】

1	2	3	4	5

愛国高等学校(推薦)　2022年度

◇数学・英語・国語◇

※ 156%に拡大していただくと，解答欄は実物大になります。

数　学

1	
2	
3	
4	
5	
6	x =　　，y =
7	x =
8	
9	x =
10	

英　語

(1)	
(2)	
(3)	
(4)	
(5)	
(6)	
(7)	
(8)	
(9)	
(10)	
(11)	
(12)	
(13)	
(14)	
(15)	

国　語

一

①	⑥	⑪	⑯
②	⑦	⑫	⑰
③	⑧	⑬	⑱
		てる	ける
④	⑨	⑭	⑲
⑤	⑩	⑮	⑳
		える	う

二

①	⑥
	やか
②	⑦
③	⑧
う	
④	⑨
	び
⑤	⑩

三

①
②
③

四

A①
A②
B①
B②

五

①
②
③

愛国高等学校(一般)　2022年度

◇数学◇

※ 139％に拡大していただくと，解答欄は実物大になります。

【1】

(1)	
(2)	
(3)	
(4)	
(5)	
(6)	
(7)	
(8)	
(9)	
(10)	$x=$　　，$y=$

【2】

(1)	
(2)	
(3)	
(4)	cm^2
(5)	$\angle x=$　　　度
(6)	$x=$

【3】

(1)	①	
	②	
	③	
(2)	①	人
	②	
	③	時間

【4】

(1)	cm^2
(2)	cm^2
(3)	cm^2
(4)	cm

【5】

(1)	(　　，　　)
(2)	
(3)	$\leqq y \leqq$
(4)	

愛国高等学校（一般）　2022年度　◇英語◇

※ 130％に拡大していただくと，解答欄は実物大になります。

I

(1)	(2)	(3)		(4)
		③	④	

(5)	(6)	(7)	(8)	

II

(1)	
(2)	
(3)	
(4)	
(5)	

III

(1)	
(2)	
(3)	
(4)	
(5)	

IV

(1)	
(2)	
(3)	
(4)	
(5)	

V

(1)	
(2)	
(3)	
(4)	
(5)	

VI

(1)	
(2)	
(3)	
(4)	
(5)	

VII

(1)	
(2)	
(3)	
(4)	
(5)	

VIII

(1)	
(2)	
(3)	
(4)	
(5)	

IX

(1)	
(2)	
(3)	
(4)	
(5)	

◇国語◇

愛国高等学校（一般）　２０２２年度

※ １４５％に拡大していただくと、解答欄は実物大になります。

【一】

1	2	3	4	5	6	7	8
9	10	11	12	13	14	15	16
17	18	19	20	21	22	23	24
25 す	26 む	27 める	28 す	29 みる	30 える	31 える	32 い
33 まる	34 える	35 い	36 ける	37 れる	38 う	39 う	40 く

【二】

1	2	3	4	5	6	7	8
9	10	11	12	13	14	15	16
17	18	19	20	21	22	23	24
25	26	27	28 む	29 ぐ	30 ぐ	31 る	32 まし
33 り	34 い	35 ける	36 く	37 る	38 る	39 う	40 れる

【三】

1 ア	2 ア る	3 ア	4 ア く	5 ア
1 イ	2 イ る	3 イ	4 イ く	5 イ

【四】

1	2	3	4	5

【五】

1	2	3	4	5

愛国高等学校(推薦)　2021年度

◇数学・英語・国語◇

※ 156%に拡大していただくと，解答欄は実物大になります。

数学

1	
2	
3	
4	
5	
6	x ＝　，y ＝
7	x ＝
8	個
9	x ＝
10	㎤

英語

(1)	
(2)	
(3)	
(4)	
(5)	
(6)	
(7)	
(8)	
(9)	
(10)	
(11)	
(12)	
(13)	
(14)	
(15)	

国語

一

①	
②	
③	
④	
⑤	
⑥	
⑦	
⑧	
⑨	
⑩	
⑪	
⑫	
⑬	
⑭	
⑮	
⑯	む
⑰	く
⑱	る
⑲	る
⑳	しさ

二

①	
②	
③	
④	
⑤	
⑥	
⑦	
⑧	
⑨	
⑩	

三

①	
②	
③	

四

A①	
A②	
B①	
B②	

五

①	
②	
③	

愛国高等学校(一般)　2021年度

◇数学◇

※ 141％に拡大していただくと，解答欄は実物大になります。

【1】

(1)	
(2)	
(3)	
(4)	
(5)	
(6)	
(7)	
(8)	
(9)	$x=$
(10)	$x=$　　，$y=$

【2】

(1)	
(2)	時速　　　　km
(3)	度
(4)	cm^2
(5)	$\angle x=$　　　度
(6)	$x=$

【3】

(1)	①	通り
	②	
	③	
(2)	①	m
	②	
	③	m

【4】

(1)	cm^2
(2)	cm^3
(3)	cm^3
(4)	個

【5】

(1)	$y=$　　　cm^2
(2)	
(3)	
(4)	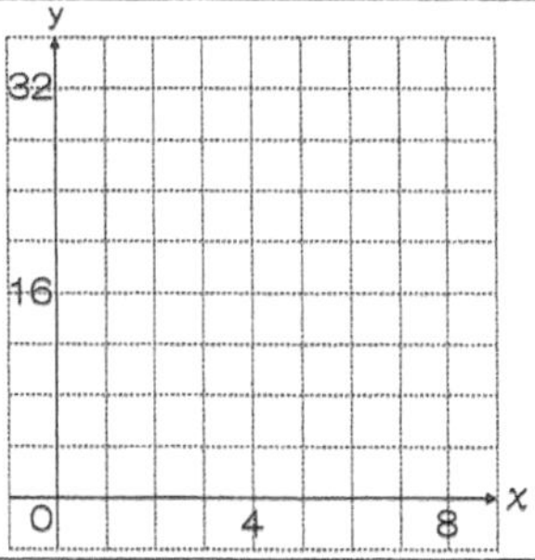

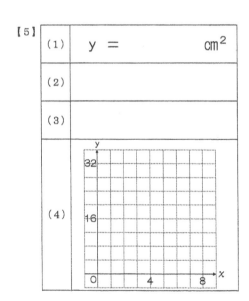

愛国高等学校(一般)　2021年度

◇英語◇

※ 133%に拡大していただくと，解答欄は実物大になります。

I

(1)	(2)		(3)	
	②	⑦	③	⑧
(4)	(5)	(6)	(7)	

II

(1)	
(2)	
(3)	
(4)	
(5)	

III

(1)	
(2)	
(3)	
(4)	
(5)	

IV

(1)	
(2)	
(3)	
(4)	
(5)	

V

(1)	
(2)	
(3)	
(4)	
(5)	

VI

(1)	
(2)	
(3)	
(4)	
(5)	

VII

(1)	
(2)	
(3)	
(4)	
(5)	

VIII

(1)	
(2)	
(3)	
(4)	
(5)	

IX

(1)	
(2)	
(3)	
(4)	
(5)	

◇国語◇

愛国高等学校（一般）　２０２１年度

※１４７%に拡大していただくと、解答欄は実物大になります。

【一】

1	2	3	4	5	6	7	8
9	10	11	12	13	14	15	16
17	18	19	20	21	22	23	24
25	26	27	28	29	30	31	32
く	む	る	る	てる	える	える	う
33	34	35	36	37	38	39	40
ぐ	る	い	ける	げる	う	る	く

【二】

1	2	3	4	5	6	7	8
9	10	11	12	13	14	15	16
17	18	19	20	21	22	23	24
25	26	27	28	29	30	31	32
			ぐ	す	れる	る	
33	34	35	36	37	38	39	40
り	しい	る	く	みな	る	める	す

【三】

1		2		3		4		5	
ア		ア		ア	ける	ア	く	ア	
イ		イ		イ	ける	イ	く	イ	

【四】

1		2		3		4		5	

【五】

1		2		3		4		5	

愛国高等学校(推薦)　2020年度

◇数学・英語・国語◇

※150％に拡大していただくと，解答欄は実物大になります。

数　学

1	
2	
3	
4	
5	
6	
7	
8	
9	
10	

英　語

(1)	
(2)	
(3)	
(4)	
(5)	
(6)	
(7)	
(8)	
(9)	
(10)	
(11)	
(12)	
(13)	
(14)	
(15)	

国　語

一

①	⑥	⑪	⑯
②	⑦	⑫	⑰
③ く	⑧	⑬ らす	⑱ びる
④	⑨	⑭	⑲
⑤ い	⑩	⑮ てる	⑳ える

二

①	⑥
②	⑦
③	⑧
④	⑨
⑤	⑩

三

①
②
③

四

A①
A②
B①
B②

五

①
②
③

愛国高等学校(一般)　2020年度

◇数学◇

※136％に拡大していただくと，解答欄は実物大になります。

【1】

(1)	
(2)	
(3)	
(4)	
(5)	
(6)	
(7)	
(8)	
(9)	$x=$
(10)	$x=$　　, $y=$

【2】

(1)	
(2)	分
(3)	cm^2
(4)	cm^2
(5)	$\angle x=$　　度
(6)	$x=$

【3】

(1)	①	通り
	②	
	③	
(2)	①	g
	②	g
	③	g

【4】

(1)	cm^2
(2)	cm
(3)	cm^3
(4)	cm^2

【5】

(1)	$a=$
(2)	
(3)	
(4)	

愛国高等学校(一般)　2020年度

◇英語◇

※128％に拡大していただくと，解答欄は実物大になります。

I

(1)	(2)	(3)	(4)	(5)
(6)	**(7)**	**(8)**	**(9)**	**(10)**

II

(1)	
(2)	
(3)	
(4)	
(5)	

III

(1)	
(2)	
(3)	
(4)	
(5)	

IV

(1)	
(2)	
(3)	
(4)	
(5)	

V

(1)	
(2)	
(3)	
(4)	
(5)	

VI

(1)	
(2)	
(3)	
(4)	
(5)	

VII

(1)	
(2)	
(3)	
(4)	
(5)	

VIII

(1)	
(2)	
(3)	
(4)	
(5)	

IX

(1)	
(2)	
(3)	
(4)	
(5)	

◇国語◇

愛国高等学校（一般）　２０２０年度

※１４１％に拡大していただくと、解答欄は実物大になります。

【一】

1	2	3	4	5	6	7	8

9	10	11	12	13	14	15	16

17	18	19	20	21	22	23	24

25	26	27	28	29	30	31	32
に	む	る	る	てる	しい	ける	う

33	34	35	36	37	38	39	40
う	る	い	ける	げる	う	る	す

【二】

1	2	3	4	5	6	7	8

9	10	11	12	13	14	15	16

17	18	19	20	21	22	23	24

25	26	27	28	29	30	31	32
			める	かす	れる	れる	り

33	34	35	36	37	38	39	40
く	しい	る	く	い	る	む	む

【三】

	1	2	3	4	5
ア		みる	つ	く	る
イ		みる	つ	く	る

【四】

1	2	3	4	5

【五】

1	2	3	4	5

MEMO

大切なことはメモしておこうネ！

MEMO

大切なことはメモしておこうネ！

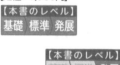

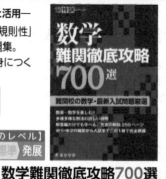

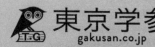

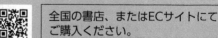

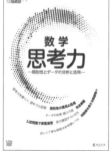

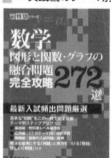

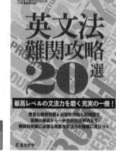

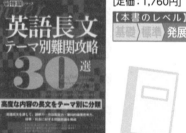

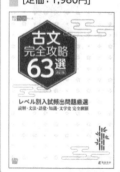

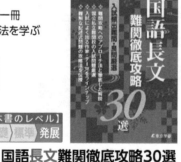

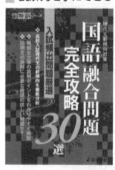

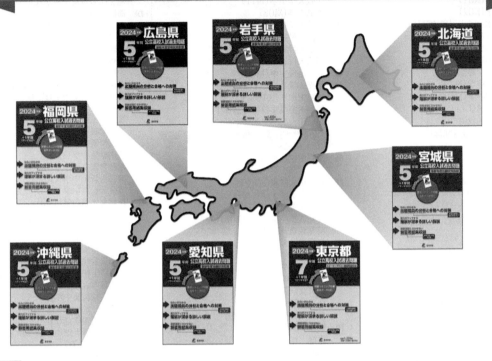

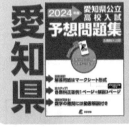

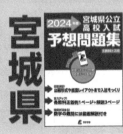

〈ダウンロードコンテンツについて〉

本問題集のダウンロードコンテンツ、弊社ホームページで配信しております。現在ご利用いただけるのは「2025年度受験用」に対応したもので、**2025年3月末日**までダウンロード可能です。弊社ホームページにアクセスの上、ご利用ください。

※配信期間が終了いたしますと、ご利用いただけませんのでご了承ください。

高校別入試過去問題シリーズ

愛国高等学校　2025年度

ISBN978-4-8141-2940-9

[発行所] 東京学参株式会社

〒153-0043　東京都目黒区東山2-6-4

書籍の内容についてのお問い合わせは右のQRコードから ⇒

※書籍の内容についてのお電話でのお問い合わせ、本書の内容を超えたご質問には対応できませんのでご了承ください。

2024年6月14日　初版